SENS

HISTOIRE ET DESCRIPTION

NOUVEAU

GUIDE DES VOYAGEURS

DANS LA VILLE DE SENS

PAR TH. MÉMAIN

PRIX : UN FRANC

SENS

CHEZ A. MOSDIER, LIBRAIRE

1885

SENS

HISTOIRE ET DESCRIPTION

SENS

HISTOIRE ET DESCRIPTION

NOUVEAU

GUIDE DES VOYAGEURS

DANS LA VILLE DE SENS

PAR TH. MÉMAIN

PRIX : UN FRANC

SENS

CHEZ A. MOSDIER, LIBRAIRE

1885

SENS

HISTOIRE ET DESCRIPTION

SENS (Yonne), 13 515 habitants, archevêché, chef-lieu d'arrondissement, à 111 kilomètres de Paris. Ville très intéressante par ses souvenirs historiques et très agréable par sa situation dans une belle plaine, au confluent de l'Yonne et de la Vanne, sur la grande ligne de Paris à Lyon et sur le chemin de ceinture d'Orléans à Châlons-sur-Marne.

Le point géographique, pris sur la tour de la cathédrale, est à 48° 11' 54'' de latitude et 0° 56' 49'' de longitude est du méridien de Paris. Les rives de l'Yonne à Sens sont à 67 mètres d'altitude, et le sommet de la tour de la cathédrale à 148^m 70 au-dessus du niveau de la mer.

Les vignes qui couvrent les coteaux et une partie de la plaine de Sens attestent la douceur du climat.

OUVRAGES CONSULTÉS

Histoire de Sens, par M. Tarbé (1838).

Notice historique sur la construction de la cathédrale de Sens, par M. Quantin (1840).

Notice sur les Archevêques de Sens, par l'abbé Cornat (1854).

Guide pittoresque de M. Victor Petit, dans l'Annuaire de 1847.

Bulletin de la Société archéologique de Sens.

Les Fastes de la Sénonie, ouvrage rempli de recherches intéressantes, publié par M. Eugène Vaudin, en 1882.

SENS

HISTOIRE ET DESCRIPTION

PARTIE HISTORIQUE

I.

SENS AU TEMPS DES GAULOIS.

SOMMAIRE. — 1° Expéditions militaires. — 2° La ville gauloise. — 3° Conquête de César.

I. EXPÉDITIONS MILITAIRES. — Sens, *Senones*, nommé aussi *Agiedic* par les Gaulois, et *Agendicum* par les Romains, est l'une des plus anciennes et des plus célèbres métropoles des Gaules. C'est de Sens et de ses environs que sortirent autrefois ces troupes fameuses de *Senones Galli*, lesquelles envahirent l'Italie, dès le vi⁰ siècle avant l'ère chrétienne, et prirent Rome elle-même, en l'an 389 avant Jésus-Christ.

Les Sénonais apparaissent ainsi de prime abord, dans l'histoire, avec tout l'éclat que donnent le courage et la puissance. Voici dans quels termes en parle un historien latin (Florus, *Epitome XIII*) : « Les Gaulois Sénonais, race inculte, mais terrible à la guerre, imprimèrent une terreur si profonde par leur taille et leurs armes gigantesques, qu'ils semblaient nés pour anéantir les hommes et les villes. Sortis de la Gaule en troupes innombrables, après avoir tout dévasté sur leur passage, ils s'arrêtèrent d'abord entre le Pô et les Alpes et se répandirent ensuite dans la plus grande partie de l'Italie. »

On fait remonter à cette invasion l'origine de Sienne *(Sena)* et de Sinigaglia *(Sena-Gallia)*, villes qui retiennent encore aujourd'hui le nom de leurs fondateurs.

Suivant les historiens romains, la fertilité du sol avait permis à la population gauloise de se développer, au point que son territoire ne pouvait plus la contenir.

Au iii⁰ siècle avant notre ère, d'autres armées gauloises envahirent pareillement la Grèce et la Macédoine. Après avoir jeté la terreur parmi les successeurs d'Alexandre, les Gaulois allèrent occuper une partie de l'Asie-Mineure qui reçut d'eux le nom de Galatie. (280 avant J.-C.)

II. La ville gauloise. — Comme Paris et Melun, l'*Agiedic* gaulois a commencé dans une île, l'île d'Yonne, aujourd'hui le faubourg d'Yonne. C'est de là que partaient les anciennes voies gauloises, devenues plus tard des voies romaines. La cité d'*Agiedic* a pris, avec le temps, tous ses développements sur la rive droite de l'Yonne, en face de l'île et jusqu'au confluent de la Vanne.

Au temps de César, Sens était gouverné par un roi élu par le sénat de la ville. Les cités voisines formaient une confédération, dont le grand conseil se réunissait à Sens pour traiter les affaires importantes.

La religion des Gaulois était le druidisme, religion qui fut longtemps sans idoles et d'une moralité sévère. Les druides offraient en sacrifice des animaux et parfois des criminels condamnés à mort. Les lois de la famille étaient sacrées, et les croyances sur la divinité et sur l'immortalité de l'âme étaient de celles qui se rapprochaient le plus de la vérité.

Quels vestiges a laissés à Sens et dans les environs cette période gauloise? Quelques couteaux de pierre polis et d'autres non polis, des colliers, bracelets et anneaux en bronze, trouvés dans les sépultures, quelques médailles des anciens rois sénonais, quelques menhirs celtiques, les tombelles de Saint-Martin-du-Tertre (1), enfin quelques débris de poterie.

Les Gaulois connaissaient la métallurgie, et c'est à leur temps qu'il faut faire remonter, dans nos contrées, cette immense exploitation du fer, attestée par les montagnes de scories que l'on retrouve encore aujourd'hui dans les forêts de la Puisaye, entre Toucy et Saint-Fargeau. Cette exploitation du fer prouve que les Gaulois avaient dès lors atteint un remarquable degré de science et de civilisation.

Avant l'arrivée des Romains, les Gaulois ne connaissaient d'autres lettres que celles de l'alphabet grec, et l'on n'a conservé d'eux aucun ouvrage écrit.

III. Conquête de Jules César. — En l'an 58 avant Jésus-Christ, Jules César apparaît dans les Gaules, sous prétexte de protéger les peuples alliés de Rome contre les invasions des Helvètes et des Germains ; mais bientôt le protecteur se change en conquérant. Trompés et divisés, les Gaulois se laissent vaincre en détail, et quand, enfin désabusés, ils veulent se coaliser tous ensemble ; il est trop tard ; ils succombent, écrasés par l'ennemi qu'ils ont laissé prendre force au milieu d'eux.

Après ses premiers succès, César avait voulu remplacer le roi de Sens Moritasgus par son frère Cavarinus. Les Sénonais se révoltèrent alors contre leur prétendu allié, sous la conduite de leurs chefs Accon et Drapès. Vaincu, le nouveau roi Accon est livré au supplice. Son exécution soulève tous les peuples des Gaules et les réunit sous le commandement de Vercingétorix. César, maître de Sens, où il a soin de laisser Labiénus avec une forte garnison, livre des combats meurtriers, triomphe du chef gaulois dans la grande bataille de Jully (Yonne), et le force à se rendre, après le siège d'Alise. (52 avant J.-C.)

Le Sénonais Drapès continua encore la lutte dans le midi des Gaules. Il fut enfin vaincu et pris, comme Vercingétorix ; mais, plus indomptable que celui-ci, il aima mieux se laisser mourir de faim que d'aller à Rome servir d'ornement au triomphe de César (50 avant J.-C.). Une des places de la ville de Sens porte le nom de ce dernier défenseur de l'indépendance nationale.

<h2 style="text-align:center">II</h2>

<h2 style="text-align:center">SENS SOUS LA DOMINATION ROMAINE.</h2>

Sommaire. — 1° La ville romaine. — 2° La Motte-du-Ciar et le temple d'Auguste. — 3° La construction des murs. — 4° L'invasion des Francs.

I. La ville romaine. — L'importance de Sens diminua notablement sous les Romains. La ville de Lyon, fondée en l'an 42 avant Jésus-Christ, devint presqu'aussitôt la principale ville des Gaules et la résidence habituelle du préfet ou légat impérial *(legatus Augusti)*. Sens fut administré par un simple *procurateur*, et la Sénonie fit partie de la province lyonnaise (ancienne celtique).

Au IVe siècle après Jésus-Christ, la Sénonie comprenait, avec la métropole de Sens, les villes de Chartres, Auxerre, Meaux, Paris, Orléans et Troyes.

Sens était alors desservi par sept voies romaines :

1° Celle d'Orléans, par Saint-Valérien ;

2° Une seconde voie d'Orléans, par Gron et Courtenay ;

3° Celle de Troyes, par Mâlay et Villeneuve ;

4° Celle d'Alise, par Cerisiers et Tonnerre ;

5° Celle de Meaux, par Saint-Clément et Sergines ;

6° Celle de Paris, par Courtois et Pont-sur-Yonne ;

7° Celle d'Auxerre, par Paron et Saint-Julien.

Un aqueduc, d'environ 16 kilomètres de longueur, amenait à Sens les eaux de la fontaine Saint-Philbert. Le ru de Mondereau, qui dérive les eaux de la Vanne jusque dans le haut de la ville, paraît n'avoir été creusé que plus tard.

Sens avait alors un grand amphithéâtre (aujourd'hui les Arènes, au nord du faubourg Saint-Savinien), une naumachie (le clos de Bellenave, *bella navium*, à l'ouest de l'amphithéâtre), un grand établissement de bains au Clos-le-Roi, proche la rivière, et au centre de la ville un temple consacré aux divinités romaines.

II. La Motte-du-Ciar et le temple d'Auguste. — Au confluent de la Vanne, une enceinte très étendue renfermait dans sa partie centrale un édifice des plus remarquables, si l'on en juge par les ruines autrefois amoncelées en cet endroit et connues sous le nom de la *Motte-du-Ciar*.

Cette enceinte paraît avoir été un camp retranché, avec le prétoire du général romain. Nous placerions volontiers dans son voisinage, le monument votif qui portait la grande inscription retrouvée dans les murs de la ville :

IN HONOR. DOMUS AUG. MART. VOLK. ET DEAE SANCTISS-VESTAE. MAGILIUS HONORATUS EX VOTO POS. PRO SE SUISQUE.

En l'honneur de la maison d'Auguste, de Mars, de Vulcain et de la déesse très sainte Vesta, Magilius Honoratus a élevé ce monument votif pour lui et les siens.

Cette inscription est en belles lettres romaines de douze centimètres de hauteur. Elle est accompagnée de plusieurs autres dédicaces particulières, toutes en l'honneur de la même famille sénonaise. Le chef de cette famille, Magilius, était flamine ou prêtre d'Auguste à Sens ; en même temps que son beau-père, Julius Thermianus, exerçait les mêmes fonctions dans le temple d'Auguste à Lyon (2).

La garnison romaine paraît avoir été très faible à Sens, après la conquête ; puisque 1 200 soldats suffisaient alors pour maintenir l'ordre dans toutes les Gaules. La frontière du Rhin seule était défendue par plusieurs légions.

III. La construction des murs. — Une fois maîtres du monde, les Romains furent bientôt consumés par leur prétendue civilisation. En deux ou trois siècles, la stérilité du vice avait dépeuplé l'Italie et les plus belles provinces de l'empire ; tandis que, sur les frontières, des peuplades, exubérantes de jeunesse et de force, se multipliaient de plus en plus. L'invasion de l'empire dépeuplé était fatale, sa chute inévitable.

La première invasion sérieuse eut lieu vers l'an 275 ; les **Francs et les Vandales** occupèrent alors soixante-dix villes,

les plus riches et les plus fortes des Gaules. Ils en furent chassés, en 277, par l'empereur Probus, qui se vanta d'en avoir tué quatre cent mille.

Ce fut sans doute après cette invasion, que les villes effrayées s'empressèrent de s'entourer de hautes murailles. Parmi les inscriptions retrouvées dans l'intérieur des murs de Sens, la dernière en date est du règne de Septime-Sévère, vers l'an 210 après Jésus-Christ. Suivant les plus grandes probabilités, les murs de Sens furent bâtis vers l'an 300, sous le césar Constance Chlore.

Le camp romain et les monuments trop éloignés de la ville pour être défendus furent alors abattus et leurs plus belles pierres employées à bâtir les nouveaux murs.

La frayeur inspirée par les envahisseurs était telle, qu'on s'empressa de démolir les amphithéâtres, les tombeaux et les temples, pour construire plus rapidement les grandes murailles.

Les débris de tous ces monuments, tels qu'on les retrouve aujourd'hui, accusent un caractère de grandeur remarquable. On y rencontre des bases de colonnes ayant un mètre et demi de diamètre, des pierres de voûte dont le cintre n'aurait pas eu moins de 13 mètres d'ouverture. La grande inscription de Magilius a plus de 12 mètres de long.

Suivant leur coutume, les Romains paraissent avoir laissé au peuple sénonais ses institutions et on autonomie. Ainsi s'explique la prospérité attestée par les monuments romains.

IV. L'invasion des Francs. — En l'an 356, le césar Julien, pressé par une nouvelle invasion, se réfugia à Sens et, grâce aux nouveaux murs, il y soutint pendant trente jours, contre une multitude de barbares, un siège resté célèbre.

En l'an 407, l'invasion est générale. A partir de cette époque, les Francs, les Vandales, les Bourguignons et autres peuples barbares sont en permanence dans les Gaules. Ils les parcourent et les dévastent, malgré les Romains. Au milieu de ces flots d'envahisseurs, les villes se défendent comme elles peuvent et finissent enfin par subir la loi du plus fort. La domination des Francs ne fut incontestée dans nos pays qu'après la conversion du roi Clovis, en 496.

III

LE CHRISTIANISME A SENS.

SOMMAIRE. — 1° S. Savinien à Sens. — 2° Mission de S. Potentien. — 3° Martyre de S. Savinien. — 4° Sainte Colombe. — 5° Les archevêques de Sens. — 6° Suppression et rétablissement.

1. S. SAVINIEN A SENS. — *En l'an 180, l'évêque de Lyon saint Irénée invoquait la tradition doctrinale des églises fondées chez les Celtes et dans les deux Germanies*, comme un argument concluant contre les hérétiques de ce temps (*Adversus hæres.*, liv. I. ch. x). Il y avait donc alors d'autres églises que celle de Lyon, chez les Celtes.

Suivant les plus anciens documents, *l'Eglise de Sens fut une de ces premières églises fondées chez les Celtes* ou Gaulois du centre.

« Le bienheureux Pierre, voulant convertir les Gaules à

la foi chrétienne, choisit pour cette œuvre Sabinien et Potentien, deux des soixante-dix disciples du Sauveur, et leur adjoignit Altin, chrétien des mieux instruits. Sens était alors la plus célèbre ville des Gaules et la métropole d'une province considérable. Les trois apôtres résolurent de s'y rendre. En passant par le Gâtinais, ils s'arrêtèrent quelque temps à Ferrières. C'est là que, le jour anniversaire de la naissance du Sauveur, la Vierge-Mère daigna leur apparaître avec son fils entre ses bras. Encouragés par cette apparition, ils élevèrent un édicule destiné à en perpétuer le souvenir. Après avoir fait quelques prosélytes en ce lieu, ils y laissèrent Altin, pour continuer leur œuvre.

« Arrivé à Sens, Savinien parcourt les murs de la ville, en y gravant le signe de la croix. Un riche Sénonais, Victorin, reçoit les deux apôtres dans son habitation, située à l'extrémité du faubourg appelé le *Vicus* de Sens, et bientôt lui-même est récompensé par le don de la foi. Les miracles et les prédications convertissent plusieurs Sénonais, notamment Sérotin et Eodald, auxquels Savinien confère le diaconat. Pour recevoir les nouveaux convertis, il purifie un temple païen construit dans ce même faubourg, et le dédie au Dieu Sauveur.

« Encouragé par ces premiers succès, Savinien pénètre dans la ville, et, après de nouvelles et nombreuses conversions, il détruit un temple d'idoles et le remplace par trois oratoires qu'il consacre, l'un à la vierge Marie, l'autre à saint Jean-Baptiste et le troisième à saint Etienne. C'est ce dernier qui donna plus tard son vocable à l'église métropolitaine.

« Savinien crut alors convenable d'envoyer Potentien à
Rome annoncer ce grand progrès de la foi à saint Pierre.
Bientôt après, averti par Dieu lui-même, il envoie le même
Potentien et Altin revenus près de lui, ainsi qu'Eodald et
plusieurs autres, annoncer l'évangile aux villes voisines.

II. Mission de S. Potentien et de S. Altin. — « Les
nouveaux apôtres commencèrent par évangéliser Genabum,
qui fut plus tard Orléans. Ils y établirent Altin comme
évêque et se rendirent ensuite à Chartres. C'est là que les
druides avaient élevé un autel à la Vierge qui devait en-
fanter *(Virgini parituræ, druides)*. Heureux de trouver cette
contrée déjà consacrée à la Vierge-Mère, ils s'empressèrent
d'annoncer à ces peuples la naissance du Messie qu'ils
attendaient. Après avoir réuni un certain nombre de prosélytes, ils leur donnèrent Adventin pour évêque (3). Chez
les *Parisii*, ils convertirent pareillement plusieurs habitants, notamment Agoadus et Aglibertus, dans le bourg de
Créteil. Potentien accompagné de Sérotin se rendit enfin à
Troyes. Après avoir fait de nombreux prosélytes dans cette
ville, il en fut chassé par le préfet Montanus, et forcé de
revenir à Sens.

III. Martyre de S. Savinien. — « Savinien avait con-
tinué le cours de ses succès dans cette ville. Mais enfin la
haine de plusieurs idolâtres endurcis excita contre lui une
sédition. Il fut livré au préfet Sévère qui finit par le condamner à mort, avec Victorin, son hôte. Conduit hors de la
ville, Savinien demande une heure de répit à ses bour-
reaux ; il en profite pour offrir une dernière fois le saint
sacrifice. A peine a-t-il terminé, que la hache du licteur
lui fend la tête et l'étend à terre, baignant dans son sang.

« Potentien succéda à Savinien ; mais un an s'était à peine écoulé qu'il eut le même sort, avec plusieurs de ses compagnons. » (Extrait du *Bréviaire de Sens*, 19 octobre.)

IV. SAINTE COLOMBE. — Le sang de ces quelques martyrs ne fut pas stérile, et, moins d'un siècle après, vers l'an 170, « la religion du Christ florissait à Sens plus qu'en aucun autre pays des Gaules. » *(Hist. de sainte Colombe.)*

Attirée par l'éclat de cette renommée, une vierge d'une naissance illustre, Colombe, et plusieurs néophytes, avec elle, quittaient l'Espagne, leur patrie, traversaient les Gaules et venaient à Sens pour y mieux professer la religion chrétienne. Là, ils employaient leur temps à la prière, aux œuvres de piété et à la visite des tombeaux des martyrs.

Vers le même temps, l'empereur Marc-Aurèle (4) arrivait aussi à Sens, pendant le cours de ses nombreuses guerres contre les Allemands. Les chrétiens du pays paraissent avoir échappé assez facilement à la persécution de l'empereur philosophe. Mais il n'en fut pas de même des chrétiens étrangers. Colombe, Béate, Sanctien et leurs compagnons, au nombre de vingt, traduits devant l'empereur lui-même, furent condamnés à mort. Colombe eut la tête tranchée près de la fontaine d'Azon, à 2 kilomètres au nord de la ville. Ses compagnons furent pareillement immolés et inhumés un peu plus loin. Les tombeaux de ces nouveaux martyrs furent bientôt, comme ceux de saint Savinien et de ses compagnons, transformés en oratoires et honorés par de nombreux pèlerinages.

Tel est le résumé des traditions historiques de l'Eglise de Sens. Ces traditions ont pour elles *l'unanimité des docu-*

ments historiques, touchant les origines de l'Eglise sénonaise (5).

La première inscription chrétienne de Sens se trouve
sur les tablettes votées par cette ville en l'honneur de Lu-
picin, général romain, consul en l'an 367. Cette inscription est surmontée du monogramme du Christ. (*Revue ar-
chéol.* 1881.)

V. Les archevêques de Sens. — L'église catholique su-
perposa presque partout sa hiérarchie aux divisions admi-
nistratives des Romains. La métropole ecclésiastique de
Sens eut pour suffragants les évêques des villes comprises
dans la province civile : Chartres, Auxerre, Meaux, Paris,
Orléans, Nevers et Troyes. Les lettres initiales de ces sept
villes forment le mot *Campont*, que l'Eglise de Sens porte
dans ses armes, avec huit crosses symboliques.

L'Eglise de Sens compte, depuis saint Savinien, cent douze
prélats, dont dix-neuf sont révérés comme saints, dix ont
été cardinaux, et un, Pierre Roger, a été pape sous le nom
de Clément VI (1342-1352).

Les plus célèbres sont :

Saint Loup qui convertit une partie de la Neustrie, où il
avait été envoyé en exil (mort en 623) ;

Saint Vulfranc qui convertit à la foi catholique les Fri-
sons, peuple de Hollande (mort en 720) ;

S. Ebbon, qui chassa les Sarrasins (732) du Sénonais,
qu'ils avaient envahi (mort en 740) ;

Anségise, que le pape Jean VIII institua primat des
Gaules et de Germanie (mort en 883) ;

Henri Sanglier, qui présida le concile où saint Bernard fit
condamner les erreurs d'Abailard (1140); il mourut en 1142;

Hugues de Toucy qui donna l'hospitalité au pape Alexandre III (1163-1165) et à saint Thomas de Cantorbéry (1166-1170); il mourut en 1168;

Pierre Roger, qui fut plus tard le pape Clément VI (1342-1352) ;

Jacques Davy du Perron, qui convertit le roi Henri IV; il mourut en 1618 ;

Languet de Gergy, célèbre par ses écrits et par sa dévotion au Sacré-Cœur de Jésus (1753).

En l'an 1622, la province ecclésiastique de Sens fut divisée en faveur de Paris, qui fut érigé en archevêché. La métropole de Sens conserva pour suffragants les évêchés de Troyes, Auxerre et Nevers.

VI. Suppression et rétablissement. —Supprimé en 1791, dans la personne du malheureux ministre de Louis XVI Loménie de Brienne, l'archevêché de Sens vaqua pendant trente ans.

Dépouillé de toute importance religieuse et civile, Sens fut alors abaissé autant qu'il était possible. Sa population, qui était encore de 11 000 âmes en 1789, tomba rapidement à 7 000. L'herbe croissait dans les rues de la ville. L'antique cathédrale, déshonorée un instant par les cérémonies burlesques des théophilantropes, semblait pleurer sa grandeur déchue. Aussi tous les Sénonais saluèrent avec bonheur le rétablissement du célèbre archevêché en 1821.

Le nouveau diocèse est maintenant limité au département de l'Yonne, et la province ecclésiastique de Sens comprend les évêchés de Troyes, Moulins et Nevers.

Depuis le rétablissement du siège, Sens a eu pour archevêques, le cardinal de la Fare (1821-1830), Mgr de Cosnac (1830-1844) et Mgr Jolly (1844-1867).

Mgr Victor-Félix Bernadou, né à Castres en 1816, ancien curé d'Alger et ancien évêque de Gap, est, depuis 1867, le digne successeur de cette glorieuse série de pontifes.

IV

SENS AU TEMPS DES FRANÇAIS.

SOMMAIRE. — 1° Les sièges de Sens. — 2° L'établissement des communes. 3° La guerre des Anglais. — 4° Les guerres des huguenots. — 5° La Révolution. — 6° L'invasion prussienne.

I. LES SIÈGES DE SENS. — Les Francs ayant fait de Paris leur capitale, Sens suivit le sort des autres villes de l'Ile de France. Son histoire se confond dès lors avec celle de cette province.

L'histoire a conservé le souvenir de plusieurs sièges, vaillamment soutenus par les Sénonais. Nous rappellerons ici les plus célèbres

Nous avons déjà cité celui de l'an 356, où Julien l'Apostat se défendit à Sens, contre une nuée de barbares.

Vient ensuite celui de 613, où saint Loup mit en fuite les troupes du roi Clotaire, par le son, alors presque inconnu, des cloches.

Celui de 732, où saint Ebbon repoussa victorieusement les Sarrasins.

Celui de 886, pendant lequel les Normands saccagèrent les faubourgs de la ville.

Celui de 1590, contre le roi Henri IV, qui fut lui-même blessé par les assiégés.

Enfin celui de 1814, où la ville fut prise par les Wurtembergeois. On voyait encore, il y a trente ans, plusieurs boulets ennemis enfoncés dans les murs de la ville.

La résistance, presque toujours heureuse des Sénonais, avait donné lieu à cette fière devise :

Urbs antiqua Senonum, nulla expugnabilis arte :

« Sens, ville antique et inexpugnable. »

Les armes de la ville de Sens sont : sur fond d'azur, une tour d'argent entourée de six fleurs de lys d'or $(3 + 2 + 1)$.

Après la mention des sièges soutenus par la ville, nous rappellerons ici les faits saillants arrivés à Sens aux principales époques de l'histoire de France.

II. L'ÉTABLISSEMENT DES COMMUNES. — Après les Normands, qui furent les derniers envahisseurs de la France, le régime *militaire* de la féodalité devait naturellement disparaître. L'autonomie communale fut établie à Sens en 1146, par un édit de Louis VII. Cet édit instituait une juridiction spéciale en faveur des membres de la commune. Forts de l'appui de ce nouveau tribunal, quelques citoyens se crurent tout permis et commirent d'étranges abus. Herbert, abbé de Saint-Pierre-le-Vif, s'en plaignit au roi, qui supprima la nouvelle commune. Plusieurs Sénonais furieux attaquèrent alors l'abbé Herbert et le massacrèrent avec un de ses neveux. Le roi Louis VII, ému de cet évènement tragique, se rendit lui-même à Sens. Il assista au service funèbre célébré pour Herbert, et fit mettre à mort ses meurtriers. La commune de Sens fut rétablie quarante ans plus tard, sans autre lutte fâcheuse. Les habitants purent alors élire librement leur municipalité et jouir à peu près des mêmes libertés qu'aujourd'hui.

III. Les guerres des Anglais furent des plus funestes à nos contrées (1337-1449). Au mois de juillet 1367, le roi Charles V convoqua à Sens les Etats-généraux de l'Auvergne, du Berry, du Bourbonnais, du Nivernais, de la Bourgogne et de la Champagne, pour aviser aux maux de la guerre et surtout aux pillages des grandes compagnies. En l'an 1421, Sens se trouva, par suite du traité de Troyes, soumis aux Anglais. Il reconnut Charles VII en 1428, aussitôt après son couronnement à Reims.

IV. Les guerres des huguenots. — En l'an 1562, quelques huguenots, habitant la ville, formèrent le projet de la livrer à leurs coreligionnaires qui s'étaient déjà emparés d'Orléans et de plusieurs autres villes par des trahisons semblables. De violents débats eurent lieu à Sens, et un vigneron catholique ayant été tué, la population irritée chassa les huguenots, après en avoir tué onze (12 avril 1562). (Voir Taveau, *Cartulaire sénonais*, p. 159.) Cette expulsion, confirmée par un jugement royal, rendu le 28 mars 1563, fit cesser toute discorde à Sens, et les citoyens s'y maintinrent en grande paix, pendant tout le temps des guerres de religion. Les habitants, qui avaient forcé Henri IV, encore huguenot, de lever le siège de leur ville, se rendirent librement à lui, dès qu'il fut redevenu catholique (1594).

V. La révolution de 1793 bouleversa toutes les anciennes institutions, à Sens comme ailleurs. L'archevêque Loménie de Brienne eut la faiblesse d'adhérer à la constitution civile du clergé, en 1791. Retiré à Saint-Pierre-

le-Vif, il fut trouvé mort dans son lit, le 18 février
1794.

Pendant cette période néfaste, plusieurs prêtres catholiques purent continuer, à Sens, l'exercice du culte, plus ou
moins librement. Les reliques des saints et un grand
nombre d'objets d'art furent sauvés, grâce au zèle de quelques généreux citoyens. Mais toutes les richesses maté-
rielles des églises furent pillées ; les innombrables statues,
qui décoraient la cathédrale , mutilées ou abattues. Les
belles églises abbatiales de Saint-Pierre-le-Vif, de Sainte-
Colombe , la plupart des monastères et bien d'autres
monuments furent démolis avec une fureur stupide.
Les catholiques ont depuis réparé une partie de ces dé-
sastres.

Les magnifiques tombeaux qui ornaient l'intérieur de
la cathédrale furent conservés jusqu'en l'année 1794. Un
événement malheureux vint alors causer leur destruction,
Les frères Chaperon, riches fermiers du hameau des Loges.
commune de Cerisiers, avaient été signalés à Sens comme
suspects. Le 19 juin 1794, les gardes nationaux de Sens
crurent devoir aller les attaquer. Les trois frères refusèrent
de céder à la force et la lutte s'engagea. La ferme fut in-
cendiée et les frères Chaperon périrent sous les décombres.
Mais les Sénonais eurent parmi eux six morts et vingt-trois
blessés. Ce fut un deuil général dans la ville. On résolut
alors d'élever un monument à la mémoire des victimes de
cet événement. Pour cela, on démolit les tombeaux des
Duprat, des Sallazar et des Duperron , et, avec leurs
débris, on composa un mausolée qui fut placé sur la promenade, près la porte Dauphine. On y grava les noms

des vingt-neuf victimes, avec ce distique, dans le goût de l'époque :

> Généreux citoyens, qui ne vous porte envie ?
> Même au sein de la mort, vous retrouvez la vie.

Ce mausolée, composé de pièces d'emprunt et assez mal appropriées pour leur nouvelle destination, ne subsista que six ou sept ans. Il entravait la circulation de la promenade. Les débris en furent de nouveau dispersés, mais non sans avoir perdu presque toute leur valeur, par suite des injures du temps et des hommes.

VI. L'INVASION PRUSSIENNE. — Le 15 septembre 1870, une troupe de trente-quatre dragons prussiens, envoyés en éclaireurs, envahit le Sénonais. Quelques gardes nationaux de Vinneuf les poursuivirent sous la conduite de leur curé, M. l'abbé Ballacey. Surpris pendant leur repas et effrayés par les sommations hardies de M. Ballacey, le capitaine prussien et treize hommes de sa troupe se rendirent prisonniers ; le reste parvint à s'enfuir, en tirant quelques coups de revolver. Ce coup de main fut un des faits les plus heureux de cette triste guerre.

Deux mois après, Sens, ville ouverte, dut céder à des forces supérieures et fut occupée par les Prussiens pendant plusieurs |mois, du 12 novembre 1870, au 25 mars 1871.

Dieu veuille nous épargner désormais d'aussi tristes jours.

V

LA CATHÉDRALE DE SENS.

Sommaire : — 1° Les premières constructions.— 2° Invention du style ogival.
— 3° Guillaume de Sens à Cantorbéry. — 4° Achèvement de la cathédrale.
— 5° Dernières restaurations.

I. Les premières constructions. — Suivant la tradition
un grand temple d'idoles s'élevait autrefois sur l'emplacement de la cathédrale actuelle. Détruit par saint Savinien,
après la conversion des Sénonais, il fut remplacé par trois
oratoires que le saint dédia, le premier à la vierge Marie,
le second à saint Etienne et le troisième à saint Jean-
Baptiste. Saint Anastase agrandit la chapelle du milieu,
dédiée à saint Etienne (968-977), et l'archevêque Sévin
consacra la nouvelle cathédrale, le 5 octobre 982. Cette
construction était sans doute assez imparfaite, puisque cent
quarante ans plus tard on entreprenait de refaire l'édifice,
tel que nous le voyons aujourd'hui.

II. Invention du style ogival. — Une des gloires de la
ville de Sens, c'est d'avoir élevé à Dieu le premier monument du style ogival. Ce sont des Sénonais qui, les premiers, ont conçu et réalisé, dans une œuvre impérissable,
les merveilleuses lignes de ce nouveau style.

Commencé en l'an 1124, suivant le style roman, qui
règne partout dans les soubassements et les arcatures inférieures, l'édifice sénonais s'enhardit en grandissant et
arrivé à la hauteur des collatéraux, il rejeta les cintres de

l'ancienne routine pour croiser ses arceaux, en les dirigeant vers le ciel : c'était le style ogival.

Dans le même temps, les architectes sénonais construisaient pareillement la grande église de Sainte-Colombe, suivant les mêmes plans du style ogival à ses débuts.

Cette transfiguration de l'architecture arriva dans un moment providentiel. Le pape Alexandre III, exilé de Rome, avait choisi Sens pour sa résidence. Il y arriva, le 30 septembre 1163, et y resta jusqu'au 7 avril 1165. Le 19 avril de l'année 1164, il consacra un autel à la sainte Vierge dans la nouvelle cathédrale encore inachevée (6) et le dimanche suivant, 26 avril, entouré de quinze cardinaux et de nombreux évêques, il consacra la nouvelle église de sainte Colombe (7).

Sens fut ainsi la capitale du monde chrétien pendant plus de dix-huit mois. Les princes, les évêques et les illustrations de ce temps y vinrent alors auprès du Saint-Père. A la vue des voûtes hardies des nouveaux édifices, l'enthousiasme s'empara de ces croyants, à qui rien n'était impossible, et, rapportant dans leur pays les conceptions nouvelles, ils firent bientôt jaillir du sol ces temples admirables enfantés par le génie chrétien.

III. Guillaume de Sens a Cantorbéry. — Parmi les visiteurs d'Alexandre III à Sens était saint Thomas de Cantorbéry, exilé lui aussi. Il revint bientôt après, et il passa quatre ans à Sens (1166-1170), dans le monastère de Sainte-Colombe. Le 29 décembre 1170, il recevait la couronne du martyre à Cantorbéry. L'église de Cantorbéry ayant été détruite par le feu en 1174, le successeur de saint Thomas fit venir, pour la reconstruire, l'architecte Guillaume de Sens, que l'on pense être l'inventeur des ogives. Guillaume reproduisit exactement à Cantorbéry les plans de la cathédrale sénonaise. De là la similitude des deux édifices.

Un chroniqueur anglais, Gervais de Cantorbéry, raconte ainsi la fin de l'illustre architecte : « Au moment où Guillaume commençait à établir les voûtes, après avoir construit les arcs principaux ; un échafaud se déroba sous lui, et il fut précipité sur le sol d'une hauteur de cinquante pieds. Le pauvre architecte fut relevé mourant. Peu de jours après, il eut encore la force d'ordonner la construction du grand autel qui fut placé au milieu du transept. Les remèdes ne produisant aucun effet, Guillaume retourna en France, en 1180, finir sa douloureuse vie ; et l'édifice de Cantorbéry fut terminé ensuite d'après ses plans. »

IV. La cathédrale de Sens fut achevée vers l'an 1168. Elle présentait alors un tout parfaitement régulier, avec les deux chapelles latérales de la Sainte-Vierge et de Saint-Jean, mais sans les transepts.

La chapelle absidale fut construite en l'an 1206.

Vers le même temps, le roi Philippe-Auguste fit élever la tour du nord, surnommée la tour de plomb et qui, démolie en 1845, attend encore sa reconstruction.

En 1267, l'ancienne tour du sud s'étant écroulée, Pierre de Charny fit reconstruire celle qui existe aujourd'hui.

Les transepts sont de la fin du xve siècle. La belle rosace du nord fut faite aux frais de Gabriel Gouffier, doyen de Sens, décédé en 1519.

C'est dans la nef de la cathédrale encore inachevée, que se tint le concile de 1140, lequel condamna Abailard. En l'an 1234, saint Louis y fut marié avec Marguerite de Provence. Le jeune roi avait fait graver sur son anneau ces trois mots : *Dieu, France et Marguerite* ; et il aimait à dire en le montrant : *Hors cet annel, il n'est point d'amour.*

V. Dernières restaurations. — Dans ces derniers temps d'importants travaux de restauration ont été exécutés dans la cathédrale. En 1864 et les années suivantes, les architectes, désireux de rétablir l'édifice dans sa forme primitive, firent démolir les grandes chapelles latérales et les remplacèrent par des constructions en forme de caveaux funéraires. Cette prétendue restauration fut vivement critiquée. La raison invoquée par les architectes aurait pu justifier aussi bien la suppression des transepts et de leurs magnifiques portails. On avait déjà démoli la tour du nord, vingt ans auparavant, et le public s'étonnait de voir alors tant démolir et si peu reconstruire.

Une suppression plus heureuse fut celle des énormes jubés qui masquaient l'entrée du chœur. Grâce aux sollicitations incessantes et au zèle intelligent de Mgr Bernadou, l'intérieur de la cathédrale, débarrassé des grilles colossales, des grandes boiseries et surtout de l'affreux badigeon qui avilissait les murs, apparaît aujourd'hui, dans tout son ensemble, avec une fraîcheur de jeunesse qui en fait bien ressortir l'imposante splendeur.

PARTIE DESCRIPTIVE

I

L'EXTÉRIEUR DE LA CATHÉDRALE.

Sommaire. — 1° La grande façade. — 2° Le portail central. — 3° Les portails latéraux. — 4° La façade méridionale du transept. — 5° La façade du nord. — 6° La grande tour.

I. La grande façade. — En arrivant sur la grande place de Sens, le visiteur ne peut se défendre d'un vif sentiment d'admiration : la construction récente du marché couvert disparaît pour lui ; les splendides rosaces du palais synodal ne captivent plus ses yeux ; la façade seule de l'antique cathédrale, avec son ensemble imposant et sa tour gigantesque, attire et fixe ses regards.

En approchant du monument, il remarque avec tristesse les mutilations infligées aux chefs-d'œuvre du moyen âge par le satanisme de la Révolution. Faut-il le dire, avec M. Viollet-le-Duc : « Aucun département ne s'obstina, autant que le département de l'Yonne, à détruire les œuvres du génie des ancêtres. » Presque toutes les grandes statues ont disparu, et les autres sont affreusement mutilées.

II. Le portail central mesure 13 mètres de largeur et 14 mètres d'élévation. Au-dessus des pierres du soubassement et de chaque côté de la porte, 48 médaillons, presque effacés aujourd'hui, représentent des sujets emblématiques, notamment les mois de l'année et les arts libéraux. Les statues des apôtres remplissaient autrefois les douze embrasures du porche.

Au milieu est la grande statue de saint Etienne tenant le livre des saintes Ecritures. Cette statue a été respectée en 1793, parce qu'on eut alors l'idée d'écrire sur le livre les deux mots : *la Loi*. Sans cela, saint Etienne aurait été traité comme un vil réactionnaire. Les rinceaux de vigne qui décorent le pilier central, de chaque côté de la statue, sont cités comme un chef-d'œuvre de l'art décoratif.

A droite de la porte, on voit les cinq vierges sages et de l'autre côté les cinq vierges folles. Dans le tympan, l'histoire de saint Etienne est représentée et divisée en sept sujets. Les voussures sont ornées d'une multitude d'anges et de saints. Ils assistent au triomphe de saint Etienne et contemplent la main toute-puissante de Dieu qui paraît sortir d'un nuage pour les bénir tous.

Au-dessus du portail s'ouvre une grande fenêtre ogivale ; elle contenait autrefois une magnifique verrière, peinte, en 1579, par Jehan Grillot. Cette verrière fut détruite, en 1638, par l'explosion de pièces d'artillerie, tirées pour fêter la naissance du dauphin, qui fut Louis XIV.

De chaque côté de cette grande fenêtre, on remarque deux médaillons. L'un représente la Jérusalem céleste, ouverte aux élus, et l'autre la même cité, fermée aux ré-prouvés.

Un groupe colossal décore le mur supérieur qui relie les deux tours ; c'est le Christ bénissant, avec deux anges en adoration. Ce groupe a été composé, vers 1845, par M. Maindron. Il remplace un groupe semblable détruit, en

1730, pour faire place à un cadran d'horloge. Le grand mur est surmonté d'une balustrade et d'une croix, à 41 mètres au-dessus du sol.

III. Les portails latéraux de cette façade ont moins d'importance. Au bas du portail de droite, vingt-deux statuettes, aujourd'hui mutilées, représentaient des personnages de l'Ancien Testament. Sur le tympan de la porte, on voit le *Triomphe de la sainte Vierge* en quatre sujets : sa mort, sa sépulture, son assomption et son couronnement, et dans les voussures, quatorze anges semblent applaudir à ce triomphe.

A droite du portail, une statue équestre représentait le roi Philippe VI de Valois. Il en reste encore quelques vestiges. Cette statue fut placée par l'archevêque Guillaume de Brosse, pour remercier le roi d'avoir reconnu les droits du clergé contestés par l'avocat Pierre de Cugnières. Celui-ci fut aussi représenté, mais d'une manière dérisoire, par une tête grimaçante, prise entre deux colonnes, dans un des piliers de l'église. La caricature de Pierre de Cugnières obtint un vrai succès auprès du peuple, qui lui donna le nom de Jean du Coignot. Cette tête, ayant disparu, était cependant toujours redemandée par les visiteurs. Un des employés de la cathédrale en mit une autre à la place, et cette dernière, quoique fort peu apparente, continue d'avoir la même célébrité.

Au bas de la seconde tour, le portail du nord représente, dans les sujets qui décorent le tympan, la *Vie de saint Jean-Baptiste*. A droite de la porte, on voyait autrefois trois statues représentant Elie, Jérémie et Jean-Baptiste, et à gauche trois autres : un roi, une reine et leur fille, peut-être Hérode, Hérodiade et Salomé portant la tête de saint Jean. Au-dessous, deux figures allégoriques très remarquables : la *Générosité (Largitas)* à droite et l'*Avarice* à gauche ; l'une ouvre avec joie ses trésors, l'autre, presque effacée aujourd'hui, est assise sur son coffre et le garde avec une attitude farouche.

IV. La façade méridionale du transept a été construite, de l'an 1490 à l'an 1501, par Martin Chambiges. Elle mesure 19 mètres de large sur 41 de haut. Au-dessus du portail est la statue de *Moyse* avec les cornes lumineuses, et, au sommet, dans les airs, la *Vierge Marie* domine cette partie de l'édifice qui lui a toujours été consacrée depuis saint Savinien. Dans les voussures du portail, de nombreuses statuettes représentaient les prophètes de l'ancienne loi. Leur place est tristement vide aujourd'hui. Tout l'ensemble de cette façade montre une richesse et une souplesse de détails vraiment admirables.

V. La façade du nord a été construite, entre 1501 et 1504, par le même architecte. Ici surtout les clochetons, les statuettes et les décors de toute sorte abondent. C'est l'idéal de l'art décoratif. Il faut en dire autant des splendides rosaces de ces deux façades. Le réseau de leurs feuilles semble épuiser tout le luxe de l'art et de la géométrie. Au bas de la façade du nord, dans les voussures du portail, sont représentés les plus célèbres personnages de l'Ancien Testament, et au sommet, dans les airs, la statue du patriarche *Abraham*.

Le 11 novembre 1875, l'ancienne statue d'Abraham qui dominait cette façade fut renversée par un coup de vent. Elle tomba à 2 mètres en avant du portail, sans autre accident. Si jamais pareille chose arrivait à la statue du transept méridional, il est bien à craindre que le vent ne la rejette du côté de l'édifice; et l'on frémit à la pensée des destructions que ferait cette chute. Il est facile d'éviter ce malheur, en veillant à la solidité du piédestal.

La nouvelle statue d'Abraham a été replacée, par les soins de M. Lefort, en 1877.

Entre la porte d'Abraham et la grande façade, le long de la nef collatérale du nord, se trouve la porte qui conduisait autrefois les chanoines de la cathédrale à leur cloître. De belles statuettes ornent les voussures de ce petit portail ; mais les embrasures inférieures, récemment restaurées avec beaucoup d'élégance, sont restées vides.

VI. La grande tour, a été reconstruite en 1267, sous Pierre de Charny. Elle a 60 mètres d'élévation jusqu'au pied du campanile qui la surmonte au sud-ouest, et celui-ci s'élève encore 13 mètres plus haut. Dix statues, sculptées par M. Maindron, ont été placées, vers 1845, dans la galerie supérieure. Elles ont près de 4 mètres de hauteur. Les cinq statues qui regardent le midi sont : saint Savinien, saint Potentien, saint Anastase, Atalde le Vénérable et Sévin. Le souvenir de ces cinq personnages, antérieurs à l'an mil, se rattache aux anciennes constructions qui précédèrent la cathédrale actuelle. Les cinq statues qui regardent l'ouest sont : Henri Sanglier, mort en 1143, Guillaume de Champagne (1176), Guy de Noyers (1193), Gauthier Cornut (1241), et Guillaume de Broce (1267). Le souvenir de ces cinq prélats se rattache à l'édifice actuel.

Deux cent trois marches montent du pavé de l'église à

l'étage des cloches, et cent trente-trois autres, de l'étage des cloches à la tourelle.

La sonnerie de Sens a toujours été célèbre. Elle comprenait autrefois un grand nombre de cloches. La plupart ont été enlevées à l'époque de la Révolution. Les deux bourdons sont restés : *Savinienne* (15 585 kilos) et *Potentienne* (13 865 kilos). Ils furent fondus, en 1560, par Gaspard Mongin-Viard. Le ton de Savinienne est en mi bémol et celui de Potentienne en fa. Qui n'a entendu parler des bourdons de Sens et du concert grandiose qu'ils chantent aux jours de fête? Aucune harmonie n'est comparable à la voix majestueuse de Savinienne, quand elle vient dominer la voix déjà si puissante et si belle de sa compagne.

Nous avons déjà parlé du campanile élevé à l'angle sud-ouest de la grande tour. Il fut construit en 1535 par Godinet, l'un des plus habiles *maîtres des œuvres* de la cathédrale. Hardiesse et légèreté : telles sont les deux qualités qui distinguent cette construction. C'est là que se tenait autrefois le guetteur public. Cette tourelle renferme aujourd'hui l'horloge de la ville.

Au sommet de la tour, un magnifique panorama se déroule sous les yeux du spectateur. Son œil peut suivre presque toutes les rues de la ville, en distinguer les églises, les monuments, les promenades, les grandes voies qui la desservent et les riches campagnes qui l'entourent.

A l'ouest, le cours limpide et presque toujours égal de l'Yonne est bordé par les collines crayeuses qui limitent le Gâtinais. Aux deux extrémités, les églises d'Etigny et de Saint-Martin, au milieu l'ermitage de Saint-Bond et les deux tombelles gauloises dominent les escarpements de cette rive. Deux voies ferrées la côtoient ; l'une continue de suivre la rivière, c'est la ligne de Lyon ; l'autre allant à Orléans, s'enfonce dans le tunnel qui domine le village de Paron. Au nord et à l'est, cette dernière ligne contourne la ville, pour remonter ensuite la vallée de la Vanne, en allant vers Troyes.

A deux kilomètres au nord, on voit le monastère et la belle église de Sainte-Colombe, avec la statue de la sainte au sommet, et plus près, vers l'est, la grande chapelle de Immaculée-Conception. Une statue de la Vierge, protégée par un baldaquin monumental, domine cet édifice. Une statue du Sacré-Cœur s'élève pareillement au-dessus de la belle chapelle des religieuses de Nevers.

A l'est de la ville, on distingue l'ancienne abbatiale de saint Jean l'Evangéliste et l'église de Saint-Savinien. Les plantureux jardins des Coquesalles terminent le paysage au sud-est.

Tout près de la cathédrale, on admire les splendides constructions du palais synodal et de l'archevêché, le séminaire et le grand triangle du marché couvert. Un peu plus loin, au sud-ouest, le clocher de Saint-Pierre indique l'église du même nom, l'hôtel de ville situé tout auprès et plus loin le palais de justice. Deux autres clochers, l'un au midi, l'autre à l'ouest, indiquent les deux églises paroissiales de Saint-Pregts et de Saint-Maurice.

Au nord, le théâtre et l'hôtel de la sous-préfecture sont séparés de la ville par la promenade. Au nord-est, on distingue les grands bâtiments du lycée et plus loin la nouvelle caserne.

Cette vue d'ensemble permet au spectateur de reconnaître

la situation de la plupart des édifices qu'il aimera à visiter ensuite.

II

L'INTÉRIEUR DE LA CATHÉDRALE.

SOMMAIRE. — 1° Plan général. — 2° Les deux transepts. — 3° Le collatéral du sud. — 4° La chapelle absidale. — 5° Les mausolées. — 6° Le collatéral du nord. — 7° Le chœur et le sanctuaire. — 8° Le Trésor.

I. PLAN GÉNÉRAL. — Voici les dimensions comparées des quatre grandes églises du diocèse.

	Longueur intérieure	Larg. de la nef princ.	Larg. du collatéral	Long. du transept	Hauteur de la voûte
Sens	114^m	16^m	8^m	44^m	26^m
Auxerre	98,50	11	9,60	39	29,50
Vézelay	120	10	6	28	18,55
Pontigny	108	11	6	50	21

Ce qui distingue surtout la cathédrale de Sens, c'est l'ampleur et la belle régularité de la nef principale. En raison même de cette ampleur, la voûte paraît moins élevée. L'ensemble de la construction a un caractère de force et de solidité remarquable. L'ornementation rappelle le xiie et le xiiie siècles. Le plein-cintre et le style roman règnent dans les arcatures des nefs collatérales. L'ogive apparaît ensuite au-dessus des collatéraux, timide et peu élancée, comme il convient à une époque de transition. Le transept au contraire montre, dans ses lignes, toute les hardiesses du style ogival flamboyant. Dans la grande nef les gros piliers alternent avec les colonnes jumelles, et la répétition de cette altenance, jusqu'au fond du sanctuaire, rompt la monotonie du coup d'œil, sans nuire à l'unité de l'ensemble. Les doubles arceaux du triforium s'ouvrent sous chaque fenêtre et parcourent toute la longueur de l'édifice, le transept excepté.

Nous supposons que le visiteur est entré dans l'édifice par une des portes de la grande façade.

Après avoir apprécié l'ensemble des lignes et le caractère général de la construction, on remarque à droite deux travées où l'ogive est beaucoup plus accusée. Ces deux travées qui avaient été écrasées par la chute de la grande tour, en 1267, ont été reconstruites à la fin du xiiie siècle.

La grande fenêtre qui éclaire le collatéral de ces travées, au midi, contient une verrière de Jean Cousin, représentant la légende de saint Eutrope, premier évêque de Saintes et martyr.

— La description détaillée des verrières dépasserait les limites de cette notice. Le visiteur, désireux de la connaître, la trouvera dans la savante monographie de M. Brullée, intitulée : *Description des verrières de la cathédrale de Sens.*

En avançant dans l'intérieur on remarque au cinquième pilier, du côté du nord, un rétable en pierre qui est une véritable merveille de sculpture. Il faisait partie du tombeau élevé par l'archevêque Tristan de Salazar à la mémoire de ses parents, et presqu'entièrement détruit en 1794. Les statuettes de ce monument ont été brisés. Les deux statues de la sainte Vierge et de saint Etienne, qui sont dans les niches, y ont été rapportées plus tard.

Dans la même travée, au sud, s'élève la grande chaire,

inaugurée en 1872. Dressée devant les colonnes doubles de cette travée, elle ne masque aucune partie importante de l'édifice. Un pilastre orné de feuillages soutient la cuve. Aux quatre angles sont les évangélistes et au milieu un bas-relief représente l'agneau rédempteur. Le dossier d'une grande légèreté est accompagné de crosses dorées, symbole de la dignité archiépiscopale. L'abat-voix très large est décoré d'une ceinture de tourelles et de créneaux et, au sommet, un ange sonne de la trompette, comme pour indiquer le concert de louanges que les prédicateurs doivent faire entendre en l'honneur de la Divinité.

II. Les deux transepts ont été construits, de l'an 1490 à l'an 1504, par Martin Chambiges de Troyes. Cette construction qui a nécessité la suppression de quatre colonnes jumelles a été très habilement raccordée à l'ancien édifice. Les voûtes atteignent ici une hauteur de 28 mètres. L'ornementation de ces transepts est une merveille. Rosaces splendides, meneaux fantastiques de grâce et de hardiesse, verrières étincelantes, tout accuse ici un luxe décoratif d'autant plus remarquable, que le reste de l'édifice est plus simple et plus sévère.

Les verrières des grandes rosaces au nord et au sud sont de vrais chefs-d'œuvre. Elles ont été exécutées dans les premières années du xvie siècle, par quatre artistes de Troyes : Liévin, Voirin, Jean Verrat et Balthazard Godon.

La rosace du sud représente le jugement dernier avec le paradis et l'enfer. La couleur bleue avec ses nuances domine pour exprimer le paradis. Au-dessous, entre les meneaux qui soutiennent la rosace, différents sujets reproduisent l'histoire de saint Etienne.

A l'ouest, dans les deux petites fenêtres du bas, quatre sujets principaux : saint Pierre, sainte Anne, saint Jérôme, en costume de cardinal, et sainte Paule.

Au-dessus, les deux grandes verrières racontent l'*Invention du corps de saint Etienne* depuis la révélation faite au prêtre Lucien jusqu'à l'arrivée des reliques dans les pays d'outre-mer.

A l'est, du côté du chœur, la première grande fenêtre représente l'arbre de Jessé et la seconde l'histoire de saint Nicolas.

La rosace du nord représente un *Concert céleste*. Cette verrière est la plus belle de toutes. Au-dessous entre les meneaux qui soutiennent la rosace, on voit les *Apparitions de l'ange Gabriel :* en commençant par l'ouest, une première apparition au prophète Daniel, une autre au grand-prêtre Zacharie, une troisième à la vierge Marie et les autres au prophète Daniel.

L'ange Gabriel était le patron de Gabriel Gouffier, doyen du chapitre et donateur de cette verrière. Celui-ci est représenté à genoux dans le sujet du milieu, à côté de l'ange apparaissant à Marie.

La première fenêtre, en retournant vers l'ouest, représente l'histoire d'Abraham, et la fenêtre en face, celle de Joseph. Dans la deuxième fenêtre du côté du chœur, sont seize archevêques de Sens, honorés parmi les saints, et en face huit autres personnages qui sont, en commençant par le haut : saint Savinien, saint Etienne, saint Laurent, saint Potentien, sainte Paule, sainte Colombe, sainte Béate et sainte Madeleine. Ces deux dernières fenêtres sont l'œuvre de deux peintres sénonais, Jean Hympe et Tassin

Grassot, qui furent les maîtres du célèbre Jean Cousin. Toutes ces verrières ont été très habilement restaurées de nos jours par MM. Hisch et Didron.

III. Le long du COLLATÉRAL DU SUD est la grande et belle chapelle de la Vierge. Cette chapelle occupe l'emplacement d'un ancien oratoire élevé par saint Savinien. Sa dernière restauration date de 1574. C'est aussi l'époque de la construction de l'autel, assez curieux par son architecture. Au-dessus de l'autel, un tableau de Restout représente l'*Assomption*.

Devant l'un des piliers de cette chapelle, une *Vierge* en pierre, de grandeur naturelle, tient l'Enfant-Jésus, sur ses genoux. Cette statue date de l'an 1334. Elle brillait autrefois par la peinture variée des vêtements ; elle est aujourd'hui recouverte d'un horrible badigeon ; mais la piété sénonaise lui a conservé son culte traditionnel, et les fidèles aiment à renouveler les cierges allumés en son honneur.

En avançant vers l'abside, on voit à droite la chapelle de Saint-Martial, fondée, en l'an 1330, par l'archevêque Pierre Roger, qui fut depuis le pape Clément VI. En face de l'autel, un grand tableau reproduit une scène de la fuite en Egypte, *le Christ servi par les anges*.

Vient ensuite la chapelle de Sainte-Appoline construite au XVIᵉ siècle. Le tableau qui fait face à l'autel représente *la Résurrection du fils de la veuve de Naïm*.

Le petit escalier qui monte au trésor offre, avec ses colonnettes et ses arcades romanes, un coup d'œil pittoresque, que les dessinateurs ont souvent reproduit.

La chapelle suivante était autrefois consacrée à Notre-

Dame de Lorette; elle est maintenant dédiée au Sacré-Cœur. Cette chapelle date de la renaissance. Au-dessus de l'autel, un vitrail attribué à Jean Cousin, représente la *Sybille de Tibur montrant à l'empereur Auguste la Vierge mère du Messie.*

Ce vitrail a été à moitié brisé, en 1814, par des boulets wurtembergeois.

On a placé dans cette chapelle, un grand tableau qui représente *Saint Louis et son frère Robert portant sur leurs épaules la Couronne d'épines et entrant à la cathédrale de Sens* (1239). Ce tableau est l'œuvre de M. Gaillot (1826).

IV. La chapelle absidale, qui partout ailleurs est dédiée à la sainte Vierge, est ici consacrée à l'apôtre du Sénonais. Le premier autel élevé par saint Savinien dans cette église étant toujours resté consacré à Marie, il semble que la Vierge ait voulu à son tour céder à saint Savinien son droit à la chapelle absidale. Construite en l'an 1206, cette chapelle est la plus belle et la plus régulière, bien que les plâtres d'une odieuse restauration en diminuent la beauté.

Une grande draperie en stuc, d'une souplesse remarquable, cache à moitié la principale fenêtre et devant cette draperie, un groupe saisissant de mouvement et de vie représente le *Martyre de saint Savinien.*

Les verrières de cette chapelle sont du xiiie siècle. Elles représentent des sujets empruntés à la vie de saint Pierre et de saint Paul et quelques scènes assez disparates qui paraissent avoir été transposées par des verriers inintelligents.

V. Les mausolées. — La chapelle de Sainte-Colombe

reconstruite en 1846 ne mérite l'attention que par les dé-
pôts précieux qui s'y trouvent réunis.

Le grand christ de la verrière est du xviiie siècle.

On a placé provisoirement sur les autres fenêtres des médaillons circulaires représentant *saint Paul, saint Savinien*
et *saint Pierre*.

Le grand mausolée, en marbre blanc, qui occupe aujour-
d'hui le milieu de cette chapelle recouvrait autrefois les
restes du Dauphin et de la Dauphine, inhumés au milieu
du chœur. Ce prince, décédé à Fontainebleau (1765),
ayant demandé à être inhumé dans le diocèse où il mour-
rait, fut amené à Sens, chef-lieu du diocèse qui comprenait
alors Fontainebleau. La Dauphine mourut en 1767, et,
d'après son désir, son corps fut réuni à celui de son époux.
Guillaume Coustou, chargé de leur élever un mausolée,
termina son œuvre en 1777.

En voici la description sommaire : au milieu sont deux
urnes funéraires ; aux angles quatre grandes statues. La
Religion tient une croix d'une main et de l'autre présente
une couronne vers les urnes. L'Immortalité tient le cercle
qui figure la durée sans fin ; à ses pieds un petit génie des
sciences mesure une sphère. Derrière les urnes, le Temps,
vieillard robuste, armé d'une faux, a déjà recouvert l'urne
du Dauphin et va couvrir bientôt celle de la Dauphine.
Auprès de lui, l'Amour conjugal paraît pleurer les deux
époux et, à ses pieds, un petit génie, l'Hymen, lui montre
tristement sa guirlande brisée.

Placé dans le chœur, ce mausolée avait le double tort de
cacher la vue du sanctuaire et d'être assez peu convenable
dans une église chrétienne. Il en fut retiré vers 1855, et

une grande dalle de marbre, avec une inscription, indique seule où sont inhumés les deux époux.

Le tombeau du chancelier Duprat placé près du maître-autel passait pour être le plus beau mausolée de la cathédrale avant la Révolution. Les quatre statues des Vertus cardinales en ornaient les quatre angles. Au milieu était un soubassement décoré de bas-reliefs, et, au-dessus de ce soubassement, quatre colonnes en marbre noir portaient un entablement sur lequel était la statue agenouillée du chancelier.

Il ne reste de ce tombeau que les quatre bas-reliefs du soubassement. Ils représentent deux entrées solennelles de Duprat, l'une à Paris comme légat, l'autre à Sens comme archevêque, une séance de la chancellerie et une session du concile de 1528, toutes deux présidées par lui.

Les deux frères Jacques et Jean du Perron, l'un et l'autre archevêques de Sens, avaient aussi leur mausolée à l'entrée du chœur. Il ne reste que les statues agenouillées des deux prélats. Le célèbre cardinal du Perron porte sur son rochet les insignes de l'ordre du Saint-Esprit; on aime à contempler sa belle figure, où semblent encore respirer le génie et la bonté. Ces deux statues ont été exécutées vers 1636.

VI. Le collatéral du nord. — En allant à la chapelle suivante, on remarque deux grandes fenêtres à vitraux peints : la première représente l'*Histoire de l'humanité* figurée dans la *Parabole du Samaritain;* la seconde la *Parabole de l'enfant prodigue.*

Après la chapelle de Saint-Thomas, on trouve encore deux autres fenêtres semblables à celles-ci.

La première reproduit la *Vie de saint Eustache, martyr.* Les ferrements de cette fenêtre sont très remarquables par leur dessin géométrique.

La seconde représente le *Martyre de saint Thomas* divisé en treize sujets.

Les vitraux de ces fenêtres sont de la fin du xiie siècle et passent pour être en France les mieux conservés de cette époque. Ils offrent aux archéologues un spécimen précieux de la peinture sur verre à ses débuts.

Dans la chapelle de Saint-Thomas-de-Cantorbéry, un grand tableau représente le *Martyre du saint.* Un autre tableau encadré dans le rétable de l'autel montre *Saint Thomas se présentant devant le pape Alexandre III, à Sens.*

La petite porte latérale que l'on remarque après cette chapelle conduit à la salle du Chapitre, dans laquelle se trouve une série de tableaux représentant les anciens archevêques de Sens.

La chapelle de Saint-Jean-Baptiste s'ouvre dans le transept du nord. L'abside de cette chapelle est un reste de l'édifice antérieur à la cathédrale actuelle. Les arcatures romanes se continuaient dans la travée suivante, avant qu'elle fût reconstruite, vers l'an 1500, et raccordée au grand portail qui regarde le nord.

VII. LE CHŒUR ET LE SANCTUAIRE ont été entourés, dans ces derniers temps, de petites grilles, constellées de dorures, et dont les volutes multipliés sont un chef-d'œuvre d'élégance. Elles ont remplacé les jubés énormes, les murs grossiers et les grilles colossales qui faisaient autrefois du chœur uni au sanctuaire une vraie forteresse, où l'œil même ne pouvait **pénétrer.**

Un baldaquin majestueux porté sur quatre magnifiques colonnes de marbre abrite le grand autel. C'est l'œuvre de Servandoni (1742). Ces colonnes d'ordre corinthien et tout l'ensemble du baldaquin ont le malheur d'être en désaccord avec le style de l'édifice. Mais combien le désaccord n'est-il pas racheté par la majesté de ces colonnes! Espérons que les architectes, au lieu d'enlever ce baldaquin, s'emploieront à terminer la tour du nord et à remplacer les grandes statues détruites.

Les verrières des quinze fenêtres ogivales qui éclairent le chœur de la cathédrale ont été récemment restaurées. Les douze fenêtres latérales sont en grisailles, excepté les roses du sommet qui renferment les images de Notre-Seigneur et des apôtres. Les trois fenêtres absidales sont à sujets historiques. Celle du milieu retrace la passion de Jésus-Christ avec le Sauveur bénissant dans le trèfle du sommet. La seconde fenêtre, du côté de l'évangile, décrit les principales scènes de la vie de la sainte Vierge, et la troisième fenêtre, au côté de l'épître, renferme l'histoire abrégée de saint Étienne. Dans la rose on voit l'âme de saint Étienne transportée au ciel sous la forme d'un petit corps humain.

Ces vitraux sont du XIIIe siècle.

Nous terminerons par cette remarque importante :

La cathédrale de Sens est le monument qui représente le mieux l'histoire de notre architecture nationale. Elle reproduit dans ses différentes parties, toutes les variétés de style, avec cet avantage que ces variétés ne nuisent en rien à l'unité et à la beauté de l'ensemble.

VIII. Le trésor de la cathédrale de Sens est le plus riche trésor de toutes les églises de France.

Grâce au zèle bien inspiré de Mgr Bernadou, toutes ces richesses religieuses et artistiques ont été récemment placées sous de belles vitrines qui permettent de les mieux voir, tout en les préservant de la poussière et des contacts indiscrets.

Plusieurs de ces objets sont d'origine sénonaise; mais la plupart proviennent de donateurs étrangers, notamment de Charlemagne, de saint Louis et des Croisés.

IX. Les principaux saints qui ont illustré l'église de Sens et un grand nombre de saints étrangers ont là leurs reliques dans de magnifiques châsses.

Deux morceaux de la vraie Croix, donnés l'un par Charlemagne et l'autre par saint Louis, sont placés à part dans un lieu plus favorable à la piété des fidèles qui demandent à les vénérer. Un splendide reliquaire, en forme de croix primatiale, contient la plus grande partie du bois sacré. Ce reliquaire, dû à la munificence de Mgr Bernadou et d'autres personnes généreuses, est l'œuvre de M. Poussielgue-Rusand et a obtenu le prix d'honneur à l'exposition universelle de Vienne, en 1873.

Des vitrines élégantes contiennent les ornements sacerdotaux de saint Thomas et de saint Ebbon, des tapisseries antiques du plus grand prix et mille objets précieux dont l'énumération seule dépasserait les limites de cette notice. La description de tous ces objets fait la matière d'un livret spécial que le visiteur peut facilement se procurer à la sacristie de la cathédrale.

III

L'ARCHEVÊCHÉ.

Sommaire. — 1° La grande cour. — 2° Le palais synodal. — 3° Le palais archiépiscopal.

I. La grande cour. — En sortant de la cathédrale par le transept du sud, on pénètre dans une vaste cour, encadrée de constructions monumentales : à droite le palais synodal, à gauche le palais actuel des archevêques, en face l'ancienne galerie de l'archevêché, à moitié démolie et à moitié restaurée. Un passage voûté fait communiquer cette cour avec la Grande-Rue. L'allée qui y conduit est bordée par de hautes et belles grilles qui enfermaient autrefois le chœur et les chapelles de la cathédrale. Les armoiries placées au sommet de la magnifique porte du milieu sont celles du cardinal de Luynes qui fit construire ces grilles en 1762.

II. Le palais synodal de Sens est le plus beau monument civil de l'architecture ogivale. Au rez-de-chaussée sont les salles et les prisons de l'ancienne officialité. Au premier étage la salle synodale, une vraie merveille.

La belle façade de ce monument regarde à l'ouest la grande place de Sens. « Aucun édifice, dit M. Viollet-le-Duc, ne présente un fenestrage aussi grandiose. » Chacune des six travées de la salle est éclairée par une grande fenêtre, composée de deux ogives bordées de nombreuses colonnettes et surmontées d'une rosace. La façade méridionale présente une immense baie, élégamment partagée en ogives et rosaces du même style.

Les contreforts, assez massifs au rez-de-chaussée, se transforment au niveau des fenêtres de la salle supérieure et se terminent par d'élégants pinacles, de formes variées, abritant des statues plus grandes que nature : au milieu saint Etienne ; puis de chaque côté, saint Savinien et saint Potentien ; aux deux extrémités, l'archevêque et le roi contemporains de l'achèvement de l'édifice, au nord Pierre de Charny et au sud le roi Louis IX, qui fut plus tard saint Louis ; tous deux sont à genoux, les mains jointes et tournés vers les trois saints du milieu, dont ils implorent la protection. Leur attitude donne une véritable vie à tout l'ensemble.

La toiture en tuiles vernies est bordée de larges cheneaux et, aux quatre angles, de terrasses rondes ; le tout muni de parapets en encorbellement, de manière à permettre de faire le tour entier de l'édifice. Plus bas des gargouilles finement et diversement sculptées s'élancent dans le vide et symbolisent les démons et les vices chassés au dehors.

La salle intérieure est voutée en nervures, magnifique, grande et régulière. Ses six travées comprennent ensemble une superficie de près de 500 mètres carrés.

Les salles du rez-de-chaussée et les caves méritent pareillement d'être visitées. Leurs voûtes à nervures reposent sur une rangée de colonnes centrales. Ces salles contiennent tout un musée lapidaire. Ce sont des collections variées de débris précieux provenant de la cathédrale : statues, pinacles, colonnes et pierres sculptées de toute **sorte.**

Ce splendide monument a été construit en 1231 par l'archevêque Gauthier Cornut. Ecrasé en partie par la chute de la grande tour en 1267, il fut restauré presque aussitôt par Pierre de Charny. Il a été de nouveau magnifiquement restauré de 1856 à 1865 sous la direction d'un architecte sénonais, M. Lefort père.

Au mois de juillet 1367, le roi Charles V réunit dans ce palais les Etats-généraux, pour délibérer sur les mesures à prendre dans la guerre contre les Anglais.

Le dernier synode, tenu dans la grande salle, a eu lieu du 21 au 26 août 1874, sous la présidence de Mgr Bernadou. Il était composé, suivant la coutume, de tous les dignitaires du clergé, de tous les curés-doyens et d'un prêtre élu par chaque canton ecclésiastique. La réunion comptait ainsi environ quatre-vingt-quinze membres.

III. Le palais archiépiscopal. — Le premier bâtiment qui rattache au midi le palais synodal au palais des archevêques sert aujourd'hui de secrétariat pour l'administration ecclésiastique. Il a été reconstruit avec un large fronton, du côté de la cour, après un incendie, en 1683.

Viennent ensuite les bâtiments, à moitié ruinés et à moitié restaurés, de l'ancienne galerie de l'archevêché. Cette construction monumentale qui longe la Grande-Rue, fut élevée par les soins des deux archevêques Tristan de Sallazar et Etienne Poncher, au commencement du xvie siècle. Elle présente un spécimen intéressant de l'union du style du moyen âge avec celui de la renaissance.

Une large frise composée de coquilles enrubannées, de balustres et d'armoiries sépare le rez-de-chaussée de l'étage supérieur. Les grandes fenêtres à meneaux de pierre ouvragée sont encadrées de pilastres ornés d'arabesques.

Les portails et le puits, qui se trouve dans la cour intérieure, sont plus remarquables encore par la richesse de leur ornementation. Les rinceaux de feuillage, les arabesques et les autres sculptures qui les décorent en font de vrais chefs-d'œuvre.

Ce bel édifice depuis longtemps négligé avait besoin de grandes réparations en 1832. Mgr de Cosnac offrit alors 3 000 francs pour faire ces réparations. « Cette somme, dit M. Victor Petit, était suffisante pour préserver quelques années encore le vénérable monument. J'ai le regret de le dire : cette offre fut refusée et ce qui est incroyable, on dépensa pour la démolition une somme qui eut suffi pour tout consolider. Les trois quarts du premier étage furent rasés et leurs débris inutiles furent laissés pendant plusieurs années épars dans la cour de l'archevêché. »

Cette démolition provoqua une protestation énergique à la chambre des pairs, en 1844, de la part de MM. Victor Hugo et Montalembert. Aussi le public a vu avec plaisir restaurer récemment une partie de cet édifice, tel qu'il était autrefois.

Le corps de logis qui sert aujourd'hui de résidence aux archevêques de Sens, entre la galerie restaurée et l'abside de la cathédrale, a été construit en 1557, par le cardinal Louis de Bourbon. Le grand escalier qui dessert les appartements au nord a été élevé en 1612 sous le cardinal du Perron, et la chapelle au premier étage sous l'archevêque **de Gondrin, vers 1680.**

Tous ces édifices, notamment la chapelle, ont été l'objet de notables réparations dans ces derniers temps.

IV

LES ÉGLISES DE SENS.

Sommaire. — 1° Saint-Savinien. — 2° Notre-Dame. — 3° Saint-Jean, l'Hôtel-Dieu, les Arènes. — 4° Saint-Pierre. — 5° Saint-Maurice. — 6° Saint-Pregts. — 7° Le Sacré-Cœur. — 8° L'Immaculée-Conception. — 9° Sainte-Colombe.

I. Saint-Savinien. — Le lieu le plus vénérable du diocèse et même de toute la province de Sens est assurément le sanctuaire de saint-Savinien, situé à l'extrémité orientale du faubourg du même nom. C'est là que saint Savinien éleva son premier oratoire au Dieu Sauveur. C'est là qu'il fut martyrisé et inhumé avec la plupart de ses compagnons d'apostolat.

Les habitations des hommes semblent s'éloigner respectueusement de l'antique sanctuaire. Une allée solitaire y conduit au milieu des jardins. C'est l'un des édifices les plus anciens de la ville ; il a été élevé en l'an 1068, pour remplacer une autre construction qui tombait de vétusté. La nef très simple laisse voir le bois des charpentes sous sa voûte en plâtre. Les collatéraux ont été rebâtis récemment. Au milieu du transept, deux grosses colonnes trapues soutiennent le clocher. On remarque que les arcs sont prolongés en fer à cheval au-dessous de leur diamètre. L'étage supérieur du clocher paraît être du xiii° siècle.

Au milieu du chœur un escalier conduit à la crypte,

située sous le sanctuaire. C'est un caveau carré, voûté en berceau et éclairé d'une petite fenêtre à l'est. La table de l'autel est une relique. C'est la dalle sur laquelle le corps de saint Savinien resta couché après son martyre et qu'il a tachée de son sang. Le célèbre chimiste Thénard a analysé les râclures de ces taches et il a reconnu qu'elles provenaient certainement d'une effusion de sang humain. Derrière l'autel sont deux tombeaux de pierre que l'on suppose être les tombeaux primitifs des martyrs.

Des inscriptions encastrées dans les murs sont à peu près du même âge que l'édifice entier reconstruit en 1068. Dans le mur de l'est on lit :

Huius edis in receptaculo ambiuntur tumulati christi martires mérito Savinianus et Potentianus ac eodaldus corpus autem Serotini in altera basilica sed in isto cimiterio est positum :

Dans la crypte de cette église sont honorés les martyrs du Christ, Savinien, Potentien et Eodald, qui y furent ensevelis. Le corps de Sérotin a été placé dans une autre basilique, mais dans le même cimetière.

Sur la muraille septentrionale, une pierre préparée pour recevoir une autre inscription ne présente que cette ligne énigmatique :

Anno ab incarnatione domini : *L'an de l'incarnation !*

Dans le mur méridional on lit :

Per flores rosei sanguinis sumpserunt coronas victoriæ martires Christi Savinianus et Potentianus cum multitudine ingenti et ibi tumulati sunt pridie calendas januarii :

Par les fleurs empourprées de leur sang, les martyrs du

*Christ, Savinien et Potentien ont reçu les couronnes de la
victoire avec une grande multitude d'autres chrétiens et ils
ont été inhumés en ce lieu, la veille des calendes de
janvier.*

Enfin sur le mur occidental on lit :

FELIX AGER ET INCLITUS, VALDE PULCHER ET CANDIDUS,
ROSEO SANGUINE MARTIRUM FELICITER CONSECRATUS ORATIO-
NUMQUE MUNERE DIGNE ADORNATUS :

*Champ heureux et illustre, champ très beau et très saint ;
il a été consacré par le sang des martyrs et dignement orné par
l'offrande des prières.*

Une récente inscription, gravée sur une plaque de cuivre
indique que cette église, si chère aux vrais chrétiens, a été
conservée et rendue au culte en 1797, par M. Simon-André
Blanchet. Le souvenir de cet acte généreux console un peu
de tant de ruines faites dans le même temps.

En revenant à la ville par la grande rue du faubourg, on
longe l'enclos où fut la célèbre et puissante abbaye de Saint-
Pierre-le-Vif, fondée ou augmentée notablement au vi⁰ siècle, par sainte Théodéchilde, petite-fille du roi Clovis. Un
couvent de religieuses du Bon-Pasteur s'élève aujourd'hui
sur les ruines du monastère, comme pour attester la per-
pétuelle jeunesse de l'Eglise et continuer les saintes traditions du passé. C'est à ces saintes filles que la garde du
sanctuaire de saint Savinien a été confiée.

II. NOTRE-DAME. — Cette petite église, appelée aussi
l'église des Pénitents, était autrefois la chapelle d'un couvent de pénitents de l'ordre de saint François d'Assise. Elle
sert aujourd'hui d'église paroissiale au faubourg Saint-Savinien. L'unique autel est orné d'un immense rétable dans

le style italien du xvie siècle. On y remarque aussi quelques tableaux intéressants.

III. SAINT-JEAN. — Dans le même faubourg se trouve la grande église de Saint-Jean, la plus remarquable à Sens après la cathédrale. Elle était l'abbatiale du monastère fondé, vers 515, par saint Héracle, rétabli vers 1111, sous l'archevêque Daimbert, et habité avant 1789 par des Génovéfains. Aujourd'hui l'Hôtel-Dieu occupe les bâtiments du monastère, et l'abbatiale sert de chapelle aux malades.

Le chœur de cette église est un des types très rares d'une architecture spéciale. C'est un mode champenois-bourguignon du style ogival, que M. Viollet-le-Duc fait remonter au xiiie siècle. Les fenêtres à triples lancettes ont une grâce toute particulière. Une galerie traverse leurs meneaux et les transforme en colonnades.

Quatre faisceaux de colonnes soutiennent les voûtes de l'abside. Au milieu de l'église, de gros piliers, de forme octogonale, portaient un clocher qui n'existe plus, et, de chaque côté, deux grandes baies, ouvertes dans toute la largeur de la travée, indiquent l'endroit où devait être le transept.

Si la nef de l'église laisse à désirer, du moins la chapelle absidale est un vrai chef-d'œuvre. Impossible de trouver, sous une forme simple et sévère, rien de plus gracieux, de plus original et de plus régulier tout à la fois. En l'admirant, on regrette vivement que cette église, classée parmi les monuments historiques, soit toujours restée dans l'abandon le plus complet.

L'HOTEL-DIEU de Sens mérite d'être visité. Il est difficile de rencontrer un établissement mieux aménagé pour le service des malades, et établi dans de meilleures conditions de salubrité. L'Hôtel-Dieu de Sens n'a pas été laïcisé. La laïcisation n'a été appliquée qu'à l'hospice des orphelines, et les effets n'ont pas été heureux.

LES ARÈNES. — Avant de quitter le faubourg Saint-Savinien, on peut visiter les anciennes arènes qui se trouvent au nord, en suivant la rue du Puits-de-la-Chaîne et la rue des Arènes, jusqu'à la maison des Gaillons *(Gladiatores)*. L'amphithéâtre sénonais est aujourd'hui couvert de vignes et d'habitations ; mais sa forme est facile à reconnaître. Le grand axe intérieur mesure 72 mètres et le petit 48, dimensions supérieures à celles des arènes de Nîmes qui sont de 70 mètres de long sur 33 seulement de large.

.. A l'ouest des Arènes était le clos de Bellenave *(bella navium)* que l'on remplissait d'eau pour les spectacles de naumachie. Ce clos est aujourd'hui partagé en plusieurs portions. L'une d'elles a servi à l'agrandissement du cimetière.

IV. SAINT-PIERRE (en ville). — La grande nef de cette église a été construite au XIVe siècle, et ses voûtes, refaites en bois au XVIe, laissent voir le pied des charpentes.

Au XVe siècle, un bas-côté a été adjoint au nord de cette nef. Là du moins des voûtes à nervures élégantes, des fenêtres garnies de belles verrières et un bas relief représentant le Christ mis au tombeau méritent de fixer l'attention du visiteur.

Le chœur possède quelques tableaux qui ne sont pas sans mérite. On y lit cette inscription : *A la mémoire de MM. Macé et Thomas, conservateurs de cette église.* Ces deux généreux Sénonais achetèrent cette église en 1793 pour la rendre ensuite au culte.

La forme du clocher avait fait donner à cette église le nom de Saint-Pierre-le-Rond, pour la distinguer de Saint-Pierre-le-Donjon, église située près des remparts au nord de la ville.

V. Saint-Maurice. — La flèche aiguë qui s'élève près du pont d'Yonne indique l'église de Saint-Maurice. Cette église paraît remonter au xiiie siècle, si l'on en juge par les chapiteaux feuillagés qui soutiennent les voûtes des bas-côtés. Mais la voûte de la nef avec ses pendentifs doit avoir été refaite au xvie siècle. L'abside de cette nef a été démolie pour élargir le lit de la rivière et il est bien à craindre que le travail des eaux ne forcent encore à démolir la travée suivante. Les collatéraux ont conservé leur abside romane antérieure au reste de l'édifice.

Au bas du collatéral du sud, on remarque un bas-relief représentant sainte Madeleine au désert et plus loin une châsse renferme les restes de quelques saints sénonais.

VI. Saint-Pregts. — Lors des premières incursions des Normands, Jérémie, moine de l'abbaye de Saint-Riquier, transporta à Sens les reliques de son monastère, parmi lesquelles se trouvaient celles de saint Pregts. Une église fut alors fondée à Sens pour honorer ce saint martyr. Elle était située près de la Vanne, à l'extrémité du faubourg actuel, qui paraît avoir été beaucoup plus étendu autrefois. Cette première église ayant été brûlée, M. Jean-Baptiste Jolly, curé du faubourg, fit construire l'église actuelle en l'an 1736.

La façade assez élégante de cette église était ornée des

statues de saint Pregts et de saint Jean-Baptiste. Ces deux
statues ont été brisées à la révolution et les niches sont
restées vides. L'église assez grande est très simple. On y
remarque plusieurs tableaux, notamment : *Marthe et Marie
écoutant les discours de Jésus-Christ* et *saint Ambroise défen-
dant à l'empereur Théodose l'entrée de l'église de Milan.*

VII. Le Sacré-Cœur.— On ne saurait rien faire de trop
beau pour honorer Dieu. C'est la pensée qui a inspiré les
pieuses religieuses de Nevers, quand elles ont fait construire cette splendide chapelle, pour leur pensionnat établi à Sens à l'entrée du faubourg Saint-Antoine.

Les étrangers entrent par un vestibule qui donne accès
dans la nef. Cette nef est en dehors de l'œuvre; elle est
plafonnée et au-dessus une tribune est spécialement ré-
servée aux malades de l'infirmerie.

L'église est bâtie suivant le style ogival du xiiie siècle.

Le transept offre à droite et à gauche un autel en marbre blanc et or, orienté comme le maître-autel. L'ensemble de ces autels, réunis au sanctuaire par une même
grille, est d'un très bel effet.

De belles verrières, sortie des ateliers de **M. Feur**, de
Bordeaux, représentent à droite l'atelier de Nazareth, à
gauche Notre-Dame de Lourdes, et, dans le sanctuaire, le
Sacré-Cœur au centre de l'abside, avec la sainte Vierge et
sainte Anne d'un côté, saint Joseph et sainte Marthe de
l'autre.

Ces mêmes fenêtres contiennent en outre plusieurs médaillons. L'un d'eux rappelle la consécration du diocèse de
Sens au Sacré-Cœur par Mgr Mellon-Jolly.

L'autel principal surpasse tout le reste en richesse et en

beauté. Il se compose d'une table en bronze doré, portée par des colonnes en brèche violette et en onyx du Mexique. Le tabernacle est tout étincelant d'or et de pierreries.

A droite du sanctuaire, on lit sur la première pierre de l'édifice :

VICTOR-FÉLIX ARCHIEP. SENON. XXIII MAII MDCCCLXXVIII ME POS.

Cette inscription entoure les armes de Mgr Bernadou et la première pierre elle-même a été donnée et bénite par le Souverain-Pontife Pie IX.

En face, un marbre orné des armoiries du pape Léon XIII indique la date de la consécration de l'église, le 29 juillet 1880.

Le même couvent possède le tableau le plus précieux qui soit à Sens. C'est un Christ en croix, peint par Van Dick. L'expression souffrante et résignée de la figure est très remarquable.

VIII. L'IMMACULÉE-CONCEPTION.— A l'autre extrémité du faubourg Saint-Antoine, on voit s'élever une église également jeune et belle, bâtie par les religieuses de la Providence en l'honneur de l'Immaculée-Conception.

Une belle statue de la Vierge, abritée par un baldaquin monumental, au sommet du pignon de la façade, indique au loin cette église.

La nef et les deux bras du transept ont chacun leur tribune et leur rosace. Le style de l'église est le style ogival du XIIIe siècle, mais les cintres qui soutiennent les tribunes rappellent le style roman.

En appréciant les diverses parties de cet édifice, on voit

que tout a été calculé d'une manière admirablement religieuse et pratique.

Cette église a 49 mètres de long à l'intérieur sur 9 ^{m} 30
de large. Chaque croison du transept a 5 mètres de pro-
fondeur sur 9 mètres de largeur et tout l'édifice une hauteur
d'environ 13 mètres sous clef de voûte.

La Vierge de l'Immaculée-Conception est vraiment la
reine de cette église. Sa statue occupe le fond de l'abside,
et les verrières du sanctuaire racontent sa vie ; puis,
pour lui faire cortège, viennent les statues de saint Pierre,
sainte Catherine, sainte Colombe, sainte Thérèse et sainte
Germaine-Cousin du côté de l'évangile, celles de saint Paul,
sainte Cécile, sainte Béate, sainte Angèle et sainte Alpais
du côté de l'épitre.

Les deux autels du transept sont dédiés l'un à saint Joseph et l'autre au Sacré-Cœur.

Trente fenêtres à lancettes répandent une lumière tem-
pérée par des grisailles dans la nef et par d'élégantes verrières dans le transept et le sanctuaire.

La grande verrière qui éclaire le transept nord représente la fondatrice de la congrégation, Mme Bresson, agenouillée devant ses deux patronnes, sainte Anne et sainte
Sophie. La verrière correspondante du côté sud montre
le fondateur, M. l'abbé Brigand, pareillement agenouillé
devant ses deux patrons, saint Jacques et saint Modeste.

Ces belles verrières sont d'autant plus intéressantes
qu'elles ont été peintes par les religieuses mêmes du monastère. Les magnifiques émaux qui brillent sur le taber
nacle et autour de l'autel, ont la même origine. L'ensemble
de cet édifice montre qu'il y aurait encore aujourd'hui des

mains sénonaises, capables de reprendre les pinceaux de Jean Cousin, tout aussi bien que le compas de Guillaume de Sens.

La première pierre de cette église a été posée le 29 juin 1867, et sa consécration a eu lieu le 31 août 1873.

XI. Sainte-Colombe. — Si quelque chose pouvait consoler de voir une belle église rester inachevée, ce serait assurément la manière heureuse et pittoresque avec laquelle l'architecte a su fermer à l'ouest les nefs incomplètes de l'église de Sainte-Colombe.

Le grand pignon est précédé d'un porche et d'une tribune, accosté de deux tourelles réunies en haut par une galerie, et sur le sommet la statue de sainte Colombe domine tout l'édifice. Cette façade d'une grande simplicité paraît cependant très mouvementée, très originale et très belle.

On sait que cette église s'élève sur le lieu où fut autrefois inhumée sainte Colombe et où le pape Alexandre III avait consacré, en l'honneur de la sainte, une vraie basilique. C'était, après la cathédrale de Sens, l'église la plus vaste et la plus élégante de tout le pays sénonais.

Cette basilique ayant été démolie en 1792, M. l'abbé Brullée, de pieuse mémoire, entreprit de construire l'église actuelle. La première pierre en fut posée le 30 août 1853 par Mgr Jolly entouré de plusieurs évêques et d'une foule immense de prêtres et de fidèles. La crypte fut construite assez rapidement ; mais l'achèvement de l'église fut retardé par les événements. Elle fut enfin bénite le 27 juillet 1873 par dom Bernard, abbé de la Pierre-qui-Vire, et consacrée peu de temps après par **Mgr Bernadou.**

La crypte est très grande et très belle.

L'église supérieure, bâtie dans le style du XIIIᵉ siècle, se compose d'une petite nef flanquée de deux chapelles, d'un chœur très vaste et du sanctuaire terminé en abside. Deux perrons conduisent de la nef au chœur élevé au-dessus de la crypte. Le maître-autel est en pierre richement sculptée. L'abside est éclairée par cinq grandes fenêtres lancéolées, et le chœur par dix fenêtres à triples lancettes du meilleur effet. Au dessous, un triforium en galerie continue les lignes verticales des fenêtres et pourrait, dans un jour de fête, recevoir un grand nombre de fidèles.

Les vitraux, sortis des ateliers de M. Didron, sont dignes de l'église. On y retrouve sainte Colombe, saint Eloi, saint Loup, le roi Raoul et d'autres sujets, d'autant plus intéressants que la plupart appartiennent à l'histoire même de ce monastère. Les verrières en mosaïques ne sont pas moins remarquables.

De chaque côté du chœur, les collatéraux ont été transformés en sacristies, vestibules et escaliers descendant à la crypte. Ces parties accessoires desservent au mieux tout l'édifice.

Après avoir admiré cette église et ses dispositions originales, le visiteur verra encore avec plaisir le magnifique réfectoire de l'ancien monastère, grande salle voûtée sur piliers et très intéressante par les souvenirs historiques qui s'y rattachent.

V

MONUMENTS DIVERS

Sommaire. — 1° L'hôtel de ville. — 2° La bibliothèque. — 3° Le musée lapidaire. — 4° Le musée artistique. — 5° Le grand séminaire. — 6° Le lycée. — 7° Le marché couvert. — 8° Le théâtre. — 9° Les maisons anciennes. — 10° Le ru de Mondereau. — 11° Les eaux de la Vanne. — 12° Les promenades. — 13° Jean Cousin. — 14° Le baron Thénard.

I. L'hotel de ville située rue Rigault est une ancienne maison bourgeoise, vaste et bien aménagée, achetée par la ville vers 1821. C'est au premier étage et dans les dépendances de cette maison que se trouvent la bibliothèque, le musée lapidaire et le musée artistique.

II. La bibliothèque possède environ 10 000 volumes et 150 manuscrits, provenant en grande partie des anciens monastères de la ville. Quelques livres nouveaux mettent cette collection à peu près au courant des progrès de la science moderne.

Parmi les manuscrits, deux ont une célébrité particulière, surtout en raison de la reliure qui les recouvre.

Le premier est le *Missel de l'âne,* ainsi nommé à cause des allusions faites dans une prose de l'office à l'âne qui porta Jésus en Egypte. L'office contenu dans ce manuscrit est celui de la fête de la Circoncision.

La couverture de ce volume est très remarquable : elle se compose de deux feuilles d'ivoire, incrustées dans des planchettes de chêne. Ces feuilles ont chacune 32 cen-imètres de long sur 13 de large. Bacchus et Diane sont les principaux sujets mythologiques qui s'y trouvent représentés. Ces bas-reliefs paraissent remonter au second siècle de notre ère ; mais c'est seulement au XIII° siècle qu'ils furent employés à couvrir le manuscrit. On suppose que ces feuilles étaient deux dyptiques romains, comme ceux que les consuls envoyaient à leurs amis, pour annoncer leur nomination.

L'autre manuscrit est un évangéliaire in-4° du XII° ou du XIII° siècle. Les feuilles de cuivre qui le recouvrent sont estampées de fleurs de lys. Aux quatre angles, des émaux représentent des personnages de la Bible et une mince plaque d'argent sur la face antérieure porte gravée au trait l'image de saint Pierre et de saint Paul.

III. LE MUSÉE LAPIDAIRE de Sens est l'un des plus riches en antiquités romaines. Les murailles de la ville avaient été construites avec les débris des monuments contemporains et les démolitions modernes on fait reparaître ces débris après quinze siècles d'enfouissement.

On y remarque plusieurs bas-reliefs assez bien exécutés, notamment ceux d'Oreste et d'Iphigénie, de Diane et d'Endymion, beaucoup de monuments funéraires, de beaux débris de colonnes, de nombreuses inscriptions, notamment celles du monument de Magilius.

Tous ces débris remontent au I°ʳ et au II° siècle de notre ère. Aucun n'est postérieur au troisième.

IV. LE MUSÉE ARTISTIQUE. — Dans ces derniers temps, l'Etat a donné un assez grand nombre de tableaux à la ville et quelques objets d'art. On remarque surtout une belle statue de Jeanne d'Arc écoutant ses voix.

Plusieurs collections intéressantes sont exposées dans une des salles de la bibliothèque, des armes anciennes, des bronzes antiques, une petite statue de Mercure, des oiseaux, minéraux et autres objets curieux, notamment le dessin d'une mosaïque romaine retrouvée à Sens en 1791, enfin le médailler de la Société archéologique.

V. Le grand séminaire occupe l'emplacement de l'ancien hôtel des Tournelles, transformé plus tard en collège de Jésuites. Charles V résida quelque temps dans cet hôtel, lorsqu'il n'était encore que dauphin. L'aile qui longe la Grande-Rue a été rebâtie en 1787. La grande aile du nord a été construite en 1876 et la chapelle en 1881. Les autres bâtiments se complètent présentement et leur ensemble fait du grand séminaire de Sens l'un des plus convenables qui soient en France.

La chapelle, grande et régulière est précédée d'un narthex. On y retrouve les belles boiseries qui ornaient autrefois le chœur de la cathédrale.

C'est en 1822 que Mgr de la Fare acheta l'ancien collège des Jésuites, pour y établir son grand séminaire. Ce prélat fit alors graver sur le portail ses armes, qui sont trois flambeaux allumés, avec cette devise : *Lux nostris, hostibus ignis.* On sait que la famille de la Fare faisait dériver son nom du mot grec *pharos* (lumière), écrit suivant l'orthographe italienne. Cette famille, ayant produit des membres distingués dans la guerre et dans les lettres, a ainsi justifié sa devise : *Lumière pour éclairer les nôtres et feu pour écarter les ennemis.*

Nous donnons ces explications pour répondre à certains commentaires absurdes publiés récemment sur cette devise.

VI. Le lycée. — C'est en 1854 que le collège de Sens a été agrandi et transformé en lycée. Les bâtiments occupés par le collège appartenaient autrefois aux Célestins, religieux établis à Sens en 1336 et supprimés en 1775.

Le plus ancien des corps de logis, bâtis sur les murs de ville, date de l'an 1693.

La chapelle construite en 1735, suivant le goût du xviiie siècle, manque de proportion par son peu de largeur. On y remarque un grand tableau donné par Napoléon III et représentant le baptême de Clovis.

Dans les salles du parloir, on voit les portraits de Mgr Languet, membre de l'Académie française, et de M. Sinson, le principal bienfaiteur de l'ancien collège. Enfin, sur la porte d'entrée, une inscription rappelle la fondation du collège par Philippe Hodoard, chanoine mort en 1537.

VII. Le marché couvert. — La plus utile et la mieux réussie des constructions municipales de Sens est assurément le marché couvert, inauguré en 1882. On peut regretter, pour la symétrie générale, que l'architecte n'ai pas suivi plus exactement l'axe de la cathédrale. Mais l'édifice est élégant, vaste et bien approprié pour sa destination. Un premier étage en galerie fait le tour de l'édifice à l'intérieur. Cette galerie augmente d'un tiers la surface utile du marché et lui donne une vie et un caractère des plus intéressants.

Cette belle construction fait honneur à M. Horace Lefort.

VIII. La grande salle du théatre date de la même année. Tout en étant très élégante, elle ne présente rien de remarquable, parmi les constructions du même genre.

IX. LES MAISONS ANCIENNES de Sens ont presque toutes été transformées. A l'angle nord-ouest du marché couvert, on remarque encore l'*hôtel de la Pointe*, avec sa façade flanquée de deux balcons bâtis en encorbellement et son inscription : *Reipublicæ commoditati, Urbis ornamento, Pauperum utilitati.*

Le numéro 23 de la rue Dauphine (8) présente à son angle nord-est un arbre de Jessé, sculpté en bois et allant du patriarche Abraham jusqu'à la Vierge Marie. Les autres pièces de bois de cette maison sont aussi décorées de sculptures intéressantes.

On remarque encore la façade en bois sculpté du numéro 8 de la rue Jean-Cousin et l'ancienne chapelle des Dominicains au numéro 8 de la rue Mauconseil.

X. LE RU DE MONDEREAU qui prend les eaux de la Vanne à Malay-le-Vicomte, pour les amener jusque dans la partie haute de Sens est d'un avantage inappréciable pour cette ville. Ce canal est très ancien. Au XIIIe siècle, il faisait déjà tourner un moulin près de l'église Saint-Didier. Plus tard il servit à remplir d'eau les fossés de la ville, creusés vers l'an 1357.

En l'an 1531, les habitants firent dériver une partie de ce canal dans les rues pour en entretenir la propreté. Depuis lors, l'eau, habilement distribuée, coule dans la plupart des rues et contribue singulièrement à la propreté et à la salubrité de la ville.

La plus grande partie du ru de Mondereau reste dans l'ancien canal et sert à donner la force motrice à de nombreuses usines.

XI. LES EAUX DE LA VANNE. — En 1866, la ville de Paris

fut autorisée à prendre une partie des eaux de la Vanne.

La captation partielle de ces eaux devait diminuer le niveau de la petite rivière qui est l'un des principaux éléments de la richesse de Sens, et cette ville réclama une indemnité. En 1880, la ville de Paris consentit enfin à donner à Sens une abondante distribution d'eau. Des bornes-fontaines furent établies dans les rues et une vasque à jet d'eau élevée sur le milieu de l'esplanade. Depuis lors, Sens n'a rien à envier aux cités les plus favorisées sous ce rapport.

XII. Les promenades. — Dès le commencement du xviiie siècle, les fossés de la ville étant devenus inutiles, on les remplaça par une belle ceinture d'arbres magnifiques. Le tour de ville à Sens était bien la promenade la plus belle que l'on puisse voir il y a quelques années. Depuis lors on a cru devoir modifier cet état de choses : mais nous doutons fort que les jardins, les squares et les tulipiers remplacent jamais avantageusement les grands arbres et les belles allées détruites.

XIII. Jean Cousin. — Ce grand artiste naquit à Soucy près Sens, au commencement du xvie siècle. Nous résumons sa vie d'après M. Lobet. Il fut d'abord, comme Bernard de Palissy, un pauvre artisan verrier, gagnant modestement sa vie et parvenant à force de labeurs à se créer une petite aisance.... Génie avide de progrès, la peinture et la sculpture ne pouvaient lui suffire ; il donna l'essor à la gravure, art alors à ses débuts en France. Ses œuvres à l'eau forte et au burin brillent par un caractère de grandeur et de beauté alors incomparable. Il tient plus de place encore dans la gravure sur bois, et, si la statue de l'amiral Chabot est de lui; il ne compta guère d'égaux en sculpture.

Son livre de la *Perspective* (1560) et celui qui a pour titre : *la Vraie science de la Pourtraicture* (1571) nous le montrent sûr de sa pensée, comme il l'était de son crayon.

Dans ses peintures sur verre, comme dans ses tableaux, gravures et dessins, il exprima l'idéal de cet art nouveau, trop tôt étouffé sous l'abus de l'imitation italienne. Il mérita ainsi d'être appelé le chef d'une école nouvelle, l'*Ecole française*. Il en fut le chef incontesté, car ses doctes écrits donnèrent à cette école un code et des lois.

En 1880, la ville de Sens a élevé une belle statue de marbre blanc à ce grand artiste. Elle est placée sur la promenade au midi de la ville.

XIV. Le baron Thénard, né en 1777 au village de la Louptière (Aube) à sept lieues de Sens, a fait ses études au collége de cette ville. Il a été l'un des créateurs de la chimie moderne. Professeur à la Sorbonne, chancelier de l'Université, pair de France et membre de l'Institut, il a mérité, à tous ces titres, d'avoir aussi sa statue à Sens et de donner son nom à la rue du collège.

NOTES

(1) On a trouvé dans les tombelles quelques cendres, des haches en silex et des broches en fer assez bien conservées, ce qui est très rare pour le fer. Cela prouve qu'à Sens, comme chez les Hébreux et d'autres peuples, on se servait, dans le même temps, d'instruments en fer et en silex. C'est donc sans raison que l'on fait parfois remonter l'âge de pierre à des époques fabuleuses avant l'âge du fer.

(2) La restitution complète de cette inscription a été faite par M. G. Julliot, dans le *Bulletin* de la Société archéologique, t. IX et XII.

(3) A Chartres, saint Savinien a son autel à côté de celui de l'antique Vierge noire.

(4) La persécution qui fit mourir sainte Colombe et ses compagnons à Sens a été ordonnée par Marc-Aurèle et non par Aurélien. (Voir *Semaine re ligieuse* de Sens, 18 mai 1878, p. 308 et suiv.) On sait combien fut sanglante à Lyon, à Dijon et ailleurs la même persécution de ce prétendu philosophe. L'empereur Aurélien n'a pas fait de martyrs dans nos contrées.

(5) Les Actes de sainte Colombe sont le plus ancien document écrit de l'histoire de Sens. Les Actes de saint Savinien ont, dit on, péri au temps des grandes invasions. L'histoire de saint Savinien est fondée sur le témoignage des anciens martyrologes, sur une vingtaine de relations traditionnelles, enfin sur l'accord unanime des historiens de nos églises jusqu'au XVIIe siècle.

(6) Pendant son séjour à Sens, le pape Alexandre III accorda des indulgences à tous ceux qui visiteraient les nouveaux sanctuaires et contribueraient par leurs aumônes à leur achèvement.

Après la publication des bulles d'Alexandre III, les églises de Sens comptèrent jusqu'à trente mille visiteurs étrangers à certains jours.

(7) L'église de Sainte-Colombe a été détruite en 1792; mais on a des descriptions et des représentations de cette église qui prouvent qu'elle était, comme la cathédrale de Sens, ogivale dans sa partie supérieure. Le travail

de transition avait commencé à Vézelay, quelques années auparavant ;
mais ce fut à Sens qu'il apparut, dans tout son épanouissement, dès le
milieu du xiie siècle.

Dans son *Dictionnaire d'architecture*, M. Viollet-le-Duc a discuté les
les titres de priorité de la cathédrale de Sens, comme monument du style
ogival (tom. IX, pp. 506 et suiv.). Il hésitait alors (1868) à admettre cette
priorité qu'une étude plus approfondie l'a forcé de reconnaître plus tard.
(V. *Les Fastes de la Senonie*, par M. Vaudin, p. 129.)

(8) Il est question de donner à la rue Dauphine le nom de rue de la
République, cette rue s'appelait déjà rue d'Alsace. Comme ces noms peuvent
changer ainsi tous les ans, nous avons cru devoir conserver l'ancien
nom, qui est le plus connu.

Nous regrettons tous ces changements qui tendent à mettre le chaos
dans l'histoire de la ville. Que les municipalités imposent des noms aux
rues et places de création nouvelle, c'est leur droit ; mais que l'on change
les noms anciens, c'est le plus souvent un abus aussi ridicule que
fâcheux.

TABLE GÉNÉRALE

Sens, Imp. Duchemin.

SENS, IMPRIMERIE CH. DUCHEMIN.

www.ingramcontent.com/pod-product-compliance
Ingram Content Group UK Ltd.
Pitfield, Milton Keynes, MK11 3LW, UK
UKHW020940120726
13693UKWH00004B/1442